自律神経を整える

人生で一番役に立つ「言い方」

小林弘幸

幻冬舎文庫

人生で一番役に立つ「言い方」

自律神経を整える

CHAPTER1

自律神経を整えれば「言い方」が変わる

CHAPTER2

「言い方」で自律神経をコントロールする

CHAPTER3

空気を変える、人生を変える10の「言い方」

CHAPTER4

「ゆっくり」言えば 空気が変わる、人生が変わる

CHAPTER5

人間関係を好転させる「言い方」

CHAPTER6

交渉の場を有利にする「言い方」

CHAPTER9

メールで潤滑にゆく「言い方」

CHAPTER10

人生を豊かにする「言い方」

CHAPTER11

「聞き方」上手になって人生を変える

CHAPTER12

人生で役に立つ自分への「言い方」

CHAPTER13

空気を変え、素晴らしい人生を手に入れる「言い方」をするための8つの習慣

はじめに

「言い方」は技術じゃなくて、医学だ

すでに世の中の誰もが、「言い方」の大切さは理解していますし、日常生活でも気をつけていることでしょう。でも、あなたはこの本を手にとりました。それはなぜですか？　きっと、人一倍気をつけているはずなのに、ここぞという時にうまい言い方ができず、もどかしい思いをしているからではないですか？　あるいは、ただ漠然と人生をもっと素晴らしいものにしたいと願っているからかもしれません。

「言い方」は、一瞬一瞬が勝負ですが、即座に正しい言い方をするのは非常に難しいものです。なぜなら、イライラしている時は、とがった言い方になったり、疲れがたまっている時は、的外れな言い方になったり、「言い方」は、その時の気分や状況によって変わるからです。「気分や状況によって変わる」というのは、当たり前のようですが、よく考えてみると不思議なことです。気分や状況とは、いったい何なのでしょうか？

実は、「言い方」にムラが生じる根本的な原因は、医学的観点から説明が可能です。

「言い方」を左右している正体は、「自律神経」にあるのです。

人は、自律神経のバランスが乱れている時、空気が読めない言い方や相手を傷つける言い方など、いわゆるダメな言い方をしてしまいます。脳や体が１００％機能するためには酸素と栄養が欠かせませんが、自律神経が乱れると血流が悪化するため、全身の細胞に酸素と栄養が行きわたらなくなります。すると、集中力や判断力が低下し、正しい言い方ができなくなります。

反対に、自律神経のバランスが整っている時は全身のすみずみまで血液が送り届けられるので、脳が冴えわたります。その結果、説得力のある言い方や、思いやりのある言い方、相手を敬う言い方など、場面に応じた適切な言い方をすることができます。

つまり、言い方は、「技術」ではなく、「医学」として考えるべきなのです。

「上手な言葉遣い」を学ぶだけでは無意味

言い方は、「技術」ではなく「医学」なので、いくら「上手な言葉遣い」をたくさん学んで、ここぞという時に備えていても、それだけではあまり意味がありません。言い方を左右している自律神経を安定させなければ、表面を取り繕っているにすぎないからです。引き出しはたくさんあるのに、引き出すものを間違えてしまうのです。

「上手な言葉遣い」を学んでいる方は、すでに知識はあるので、「あの時は、ああ言えばよかった」と後から正解がわかることも多いでしょう。しかし、言い方は一瞬一瞬が勝負です。劣勢に立たされている時、どのような言い方で一気に形勢を逆転するか？怒りにかられている相手の感情をどのような言い方で鎮めるか……？即座に正しい言い方をしないと、その場の空気、ひいては人生を変えることはできません。

そのためには、自律神経を意識することが不可欠です。**「言い方」には気をつけているのに、つい失敗してしまうという人は、実は自律神経のバランスが乱れている可能性が高いのです。**逆を言うと、自律神経のバランスを整えれば、言い方で失敗することがなくなり、一瞬で空気を変え、人生を変えるような言い方ができるようになるのです。

私の人生を一瞬で変えた「言い方」

私がこのように「言い方」を意識するようになったのは、医学部の6年生の時に事故にあったのがきっかけです。ラグビーの試合で骨折をしてしまい、「一生まともに歩けない」と医師に宣告されてしまったのです。そう言われた瞬間、目の前が真っ暗になったのをよく覚えています。もうすぐ医師になって夢のある人生を送れると思っていたのに（実際は過酷な世界でしたが）、これからいったいどうなってしまうんだと、人生を悲観しました。

しかし退院後、しばらく通院をしていた時に転機が訪れたのです。通院するたび、X線写真を撮るのですが、ある医師はその写真を見て、「全然骨がくっついてないね〜」と言います。私も医学部の6年生ですし、自分の状態がわかるため、「本当に全然ダメだ」と思っていました。しかし、同じ写真を見て、また別の医師はこう言ったのです。「あれ!? ここにさぁ、ひげみたいなのが見えるだろう、これがいいんだよ〜。これは再生してくるきっかけになるんだよな」と。

そう言われた瞬間、真っ暗だった目の前に光がさしこみ、「もしかしたら治るかもしれない」と、力がわいてくるのを感じました。同じ写真ですよ? **同じ写真を見ているのに、それぞれの医師の言い方によって、こちらの気分がまったく変わってしまったのです。**その瞬間、私の人生は変わりました。一縷《いちる》の望みに懸けて、必死にリハビリに励み、現在では何不自由なく歩けるようになったのです。

その出来事がきっかけで、私は「言い方」の重要さを意識するようになりました。しかし、その当時はまだ、言い方が個々の人生に多大なる影響を与える理由は解明できていませんでした。ただ感覚的に、「やっぱり言い方は大事だよな」と思っていただけで、「言い方」が持つ本当の力を理解することができたのは、自律神経の研究を積み重ねたおかげです。

「言い方」が変われば、「人生」が変わる

友人と話している時に、言い方を意識することはあまりありませんが、苦手な相手や、別れ話、不機嫌そうな相手への「言い方」は、とても神経を遣います。私たちは毎日、想像以上に自分や他人の「言い方」に振り回されて生きているのです。そんな私たちが、言い方に振り回されずに済む最も簡単な方法は、「何も見ず・言わず・聞かない」ことです。「見ざる・言わざる・聞かざる」で有名な日光の三猿《さんざる》のように、外界からの情報をシャットアウトしてしまえば、煩悩を消し去ることができ、悩みもなくなるでしょう。

しかし、現実はそうもいきません。突然、目に飛びこんでくる情景や耳を通過する情報を、受け手である私たちが前もって防ぐことは困難です。しかし、「言う」のは別です。「言う」は、自らの意思を持つことで、初めて実現する能動的な行為です。つまり、**コミュニケーションの核となる「見る・言う・聞く」の中で唯一コントロールできるのが、実はしゃべることなのです。**「口は災いのもと」と言いますが、「口は幸運のもと」でもあるのです。「言い方」を変えて、幸運を引き寄せれば、「人生」が変わります。そのためには、「言い方」を小手先の技術でどうこうしようとするのではなく、抜本的な

対策をとらなくてはいけません。ときどき調子が悪くなる「言い方」を、完治させるのです。

本書では、その「完治させる方法」をお教えします。簡単で、費用もかからず、自分自身で施せるというメリットの多い方法です。さらに、一瞬で空気を変え、人生を変える具体的な「言い方」も、数多くご紹介していきます。

本書によって、あなたの「言い方」が変わり、「人生」が変わることを願っています。

CHAPTER1

自律神経を整えれば「言い方」が変わる

交感神経と副交感神経が
ともに高い状態にあれば、
「シャープなのに感じがいい」
１００点の「言い方」ができる。

自律神経が乱れると
いろいろな「言い方」をしてしまう

たとえば、こんな経験はないでしょうか。

タクシーの運転手が道を間違え、「すみません、Uターンします」と言ってきた時。機嫌がよい場合は、「ああ、いいですよ」と軽く流せるのに、イライラしている時は、「ったく、急いでるのになぁ」と、つい相手を責めてしまったことが。

たとえ機嫌はよかったとしても、約束の時間に遅れそうであせっている時や体調が悪い場合も、ネガティブな言い方になることが多いはずです。

なぜ、このように気分や状況によって言い方にムラが生じるのかというと、実は、「機嫌」「時間的余裕」「体調」などはすべて、自律神経を乱す要因だからです。つまり、さまざまな要因によって自律神経が乱れると、人はいろいろな言い方をしてしまうのです。

私自身、自律神経の研究を始めるまでは、非常に短気な人間でした。ですから、タクシーの運転手が道を間違えた時は、叱責することが多かったと思います。

でも、今は違います。なぜなら、**私が相手をおとしめる言い方をすると、相手の自律神経が乱れ、結果的に私にとってさらに不利益となることを知っているからです。**

もし私が、「何やってんだよ。道くらい覚えておけよ」と、相手を罵ったとします。すると相手の自律神経はとたんに乱れだし、血圧が上がり、判断力が低下します。相手はひどく動揺した状態で運転をすることになるので、さらに道を間違えたり、最悪、事故を起こしたりしかねません。もちろん、これは私の望むことではありません。

ここで大切なのは、目的を見失わないことです。

タクシーに乗る目的とは、自分が行きたいところに行くことです。ですから、すでに道を間違ってしまった以上は、いくら相手を罵っても仕方がないのです。

今となっては、ここから先、相手にきちんと運転をしてもらうことが最大のテーマです。それをクリアするためには、攻撃的な言い方は厳禁です。「それでも何か言ってやらないと気が済まない」、そんな方もいるかもしれません。しかし、**攻撃的な言い方をすると自分自身の自律神経も乱れてしまいます。**

一般的に、怒りによる自律神経の乱れはだいたい3時間から4時間は持続します。こんなことで、自分の大切な一日のパフォーマンスを下げるのは大損です。ですから、こういう場合はまず、「仕方ない」と気持ちを切り替える。そして、「今日はいい天気だなぁ」と考えるなどして、気持ちを別の場所に持っていくことが大切です。すると、自律神経が整いだします。「仕方ない」と諦めることは決してネガティブではなく、気持ちに区切りをつけて前へ進むための、最高のリカバリーショットなのです。

「言い方」と自律神経はつながっている

自律神経が乱れると、人はいろいろな「言い方」をしてしまうとお話ししましたが、そもそも自律神経とはいったい何なのでしょうか？

名称自体は耳にしたことがあると思いますが、具体的な働きはあまり知られていません。医師でさえ、自律神経がどれほど大きな役割を果たしているのか、正しく理解している人は少ないのが現状です。

たとえば、自律神経の働きにはこんなものがあります。

- 眠っている間の呼吸をコントロールする
- 暑い時に発汗し、体温を下げる
- 寒い時に鳥肌を立てて、体温が奪われるのを防ぐ

・まぶしい時に目を閉じる
・熱いものに触れた時、瞬時に手を離す

ふだんの生活ではあまり意識しない、縁の下の力持ちのような働きを数多く担っているのです。しかし、最も重要な役割は、全身にはりめぐらされた血管すべてをコントロールしているということです。

私たちの体は、約37兆個の細胞からできており、その一つひとつの細胞に栄養と酸素を送り届けることが健康の要です。そして、その機能を担っているのは血流であり、血流をコントロールしているのが、自律神経です。血管の長さは、すべてつなぐと10万キロメートル（地球を2周半する長さ）にも及ぶといわれています。自律神経は、その膨大な長さの血管すべてに沿って走っていて、全身の血管の動きをコントロールしているのです（図1）。

血流には、細胞の排泄物を体外に送り出したり、免疫細胞を運んだりする役割もあるため、血流が滞ると細胞の機能が低下し、免疫力も低下してしまいます。

反対に、血流がスムーズで、細胞のすみずみまで質のいい血液が流れるようになると、すべての臓器に酸素と栄養を充分行きわたらせるので、体調がとてもよくなります。実

図1　健康の要は自律神経

血流が１つ１つの細胞に 酸素と栄養を送り届けている	＝ 健康

↓

血流をコントロールしている立役者は

自律神経

はこれこそが、自律神経によって「言い方」が左右される重要なファクターなのです。
血流がよければ、脳をはじめとする全身の細胞に酸素と栄養が行きわたり、正しい言い方をすることができますし、パフォーマンスも高まります。

つまり、

自律神経が整っている

↓

血流がよくなる

↓

一瞬で空気を変える、人生を変える「言い方」ができる

というわけです。

自律神経の理想的バランスは10：10

それでは、自律神経が整っている状態とは、どのような状態のことを指すのでしょうか？

自律神経は、「交感神経」と「副交感神経」に分けられます。

交感神経は、車にたとえるとアクセルのようなものであり、血管を収縮させ、血圧を上げる働きがあります。

副交感神経は、ブレーキのようなものであり、血管をゆるませ、血圧を低下させる働きを持っています。

これらはともにバランスを取り合っていて、交感神経が優位になると人は興奮状態になり、副交感神経が優位になるとリラックスした状態になります。

自律神経で大切なのは交感神経と副交感神経のバランスであり、最も理想的なのは、10：10でともに高いレベルを維持することです。自律神経が整っている状態とは、この10：10の状態、もしくは8：8、9：9など、なるべく高いレベルでバランスを保っていることを指します（図2）。

このように自律神経のバランスが整っていると、交感神経が血管を収縮させ、副交感神経が血管をゆるませるということが交互に起きます。すると、血管はリズミカルに脈打ち、血流がスムーズになり、体の調子がよくなります。

しかし、ストレスに満ちた現代社会では、ネガティブな言い方をしたり、他人から不快な言い方をされたりすることで、交感神経が優位になっている人がほとんどです。

図2　自律神経で大切なのはバランス

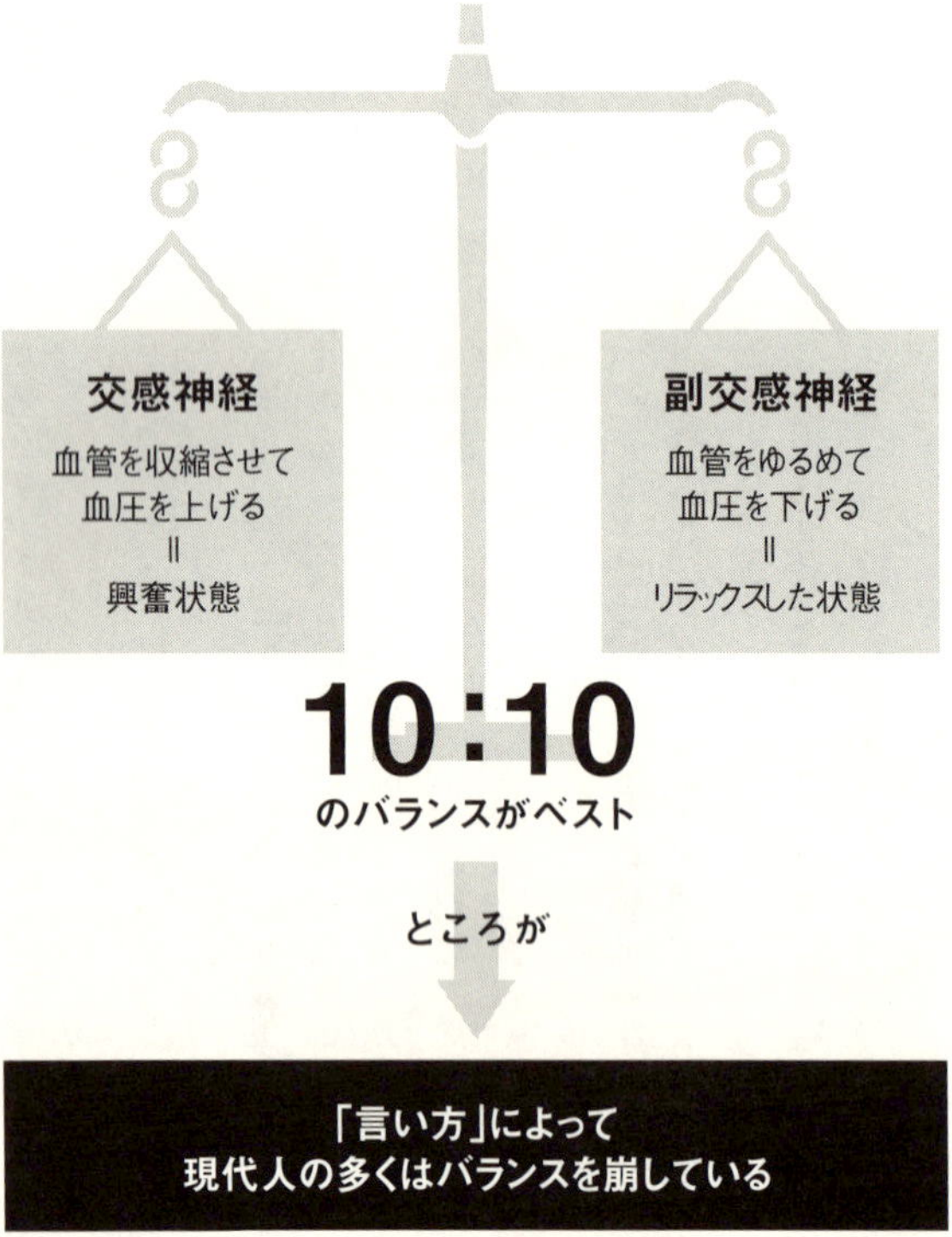

交感神経
血管を収縮させて
血圧を上げる
॥
興奮状態
副交感神経
血管をゆるめて
血圧を下げる
॥
リラックスした状態
10:10
のバランスがベスト
ところが
「言い方」によって
現代人の多くはバランスを崩している

「クソッ！」と言った瞬間、自律神経のバランスは崩れる

しかし、どうしてネガティブな言い方をしたり、他人から不快なことを言われたりすると、自律神経のバランスが崩れてしまうのでしょうか？

たとえば、「クソッ！」と、怒りに満ちた言い方をしたとします。

すると、**怒りの感情を言葉にしたことで、イライラが増幅し、交感神経がとたんに優位になって自律神経のバランスが乱れます。**交感神経が優位で、副交感神経が下がったままでいると、血管が収縮し、血流が悪くなるため、疲れやすくなったり、判断力が鈍ったりします。その結果、さらにネガティブな言い方をしてしまい、それによって、自律神経のバランスが一層崩れるという悪循環に陥ってしまうのです（図3）。

若いころは、副交感神経の働きが高いため、自分や他人の「言い方」によって自律神経が乱れても、即座に副交感神経がリカバリーを図ります。そしてすぐさま自律神経のバランスは調整されます。しかし、男性は30歳、女性は40歳を境に、副交感神経の働きがガクンと落ちてしまうのです。そのため、放っておくと自律神経のバランスが乱れた

図3　ネガティブな「言い方」が自律神経のバランスを乱す

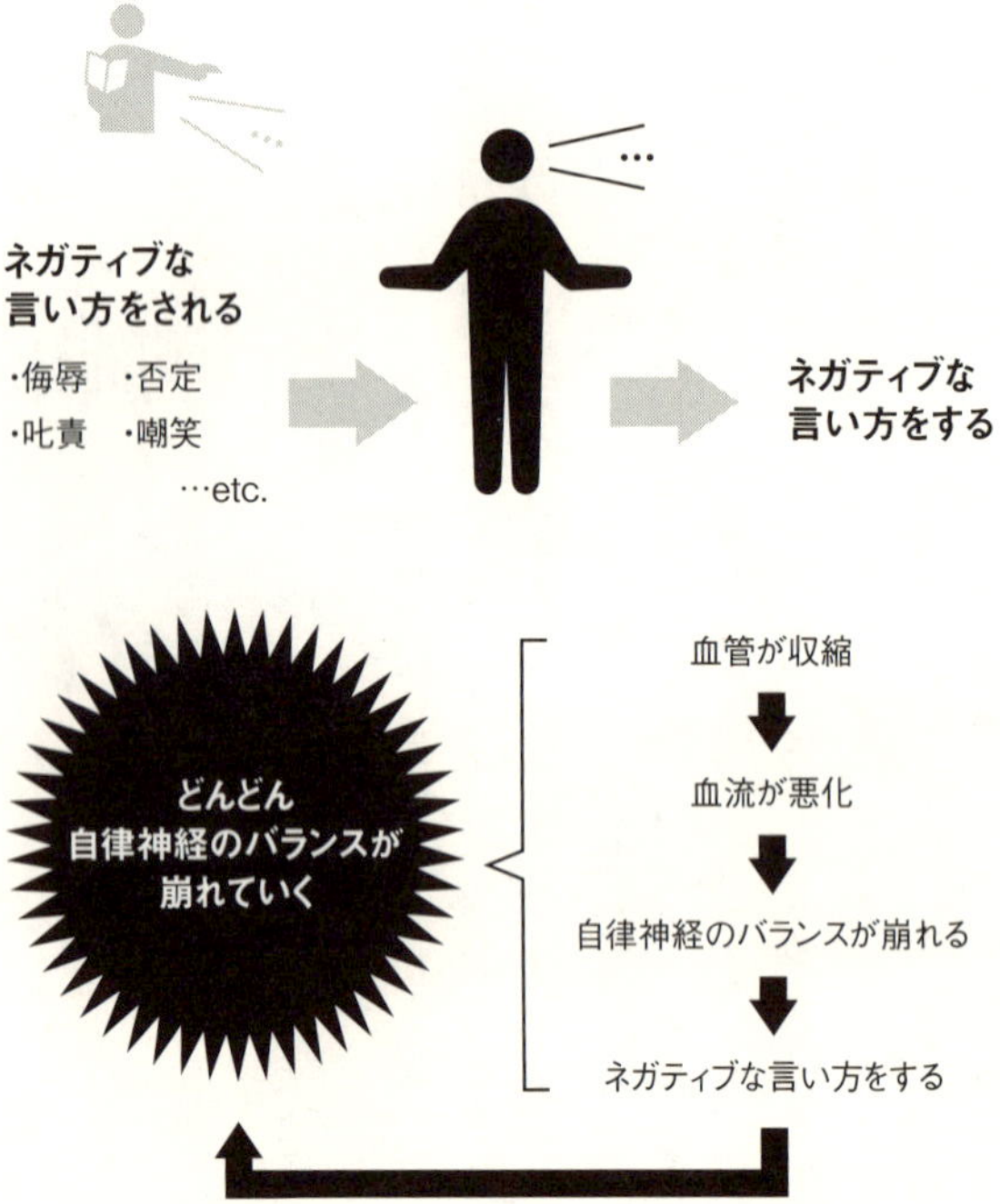

ままになります。それを避けるためには、意識的に副交感神経の働きを高めなくてはいけません。その具体的な方法については、後ほど詳しくご説明します。

トップアスリートや名医は、自律神経のバランスが整っている

自律神経のバランスを整えることが、一瞬で空気を変え、人生を変える「言い方」をするカギになります。とても大切なことなので、自律神経のバランスについてもう少しお話ししたいと思います。自律神経のバランスは、次の4つのパターンに分類されます。

①交感神経が高くて、副交感神経が低い。
②交感神経が低くて、副交感神経が高い。
③交感神経も副交感神経も、ともに低い。
④交感神経も副交感神経も、ともに高い。

①〜③はすべて、自律神経のバランスが崩れている状態です。最もよいのは、④の交感神経も副交感神経もともに高い状態です。交感神経が高いので、判断力や決断力が高まり、シャープな言い方ができると同時に、副交感神経も高いため、相手を気遣う余裕

が生まれます。とがった言い方にならないので、「シャープなのに感じがいい」まさに100点の言い方をすることができるのです。トップアスリートや、ゴッドハンドを持つ名医も自律神経のバランスを調べてみると④になっています。

その他の3つのパターンについても考えてみましょう。

まず、①の交感神経が高くて、副交感神経が低い場合。

この時、血管は収縮し、血圧が上がり、人は興奮状態にあります。そのため、攻撃的な言い方や、自分をアピールすることしか頭にないような言い方をしてしまいます。

次に、②の交感神経が低くて、副交感神経が高い場合。

この時は、血管がゆるみ、血圧は低下しています。よく言えばリラックスした状態ですが、ある意味、ぼーっとした状態とも言えるでしょう。そのため、的外れでやる気のない言い方をしてしまいます。

③の交感神経も副交感神経もともに低い場合は、端的に言うと、抜け殻のような状態です。①や②のように、片方が下がっているだけなら、もう片方がよいように作用することもありますが、両方下がっているとそうはいきません。非常に疲れやすく、体力もなく、最もパフォーマンスのレベルが下がります。状況判断力も著しく低下しているため、空気の読めない言い方になります（図4）。

図4 「言い方」と自律神経のバランス

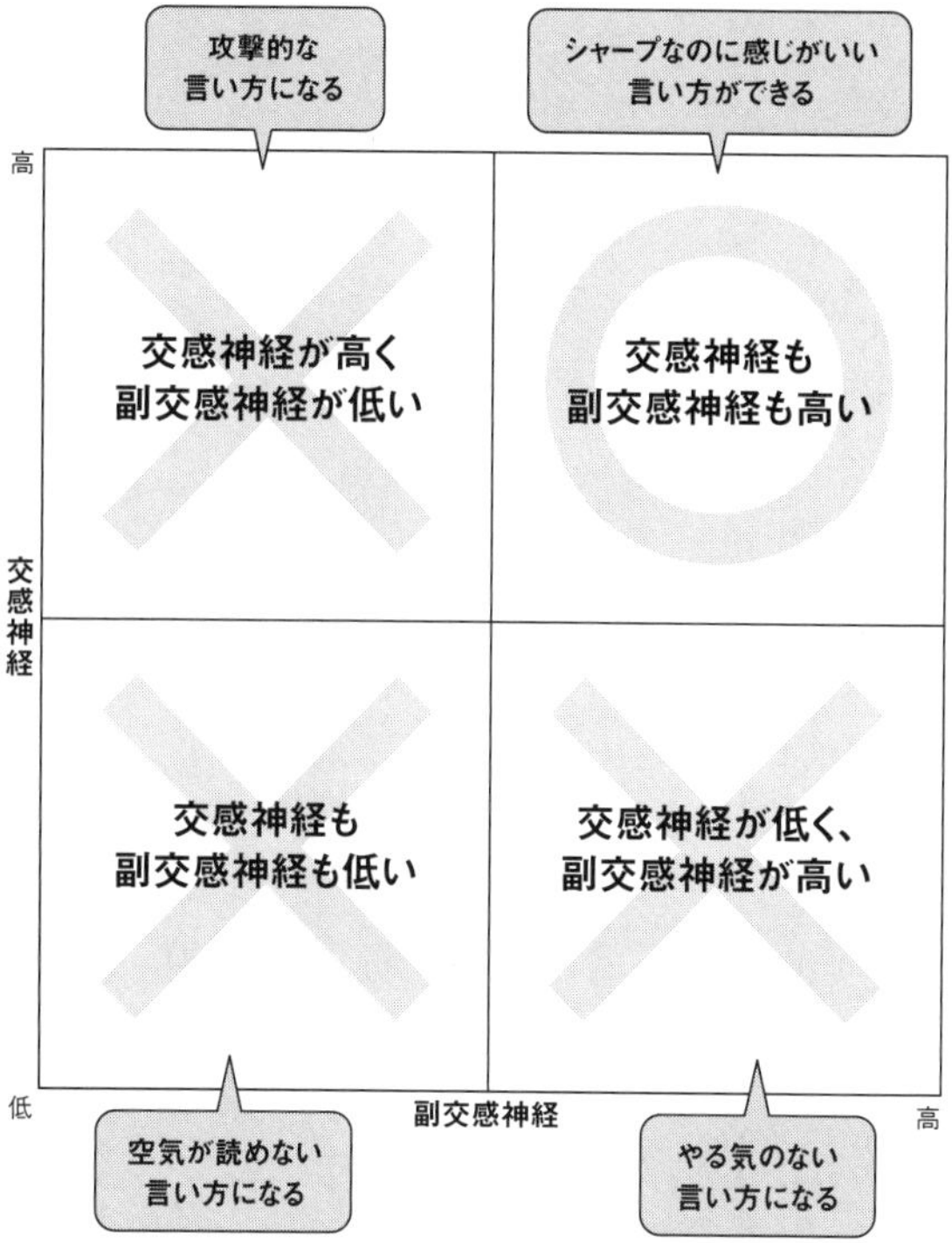

「医学」として捉えないと、「言い方」は治らない

「言い方」と「自律神経」はつながっているので、自律神経のバランスによって「言い方」は変わってきますし、逆に、「言い方」によって自律神経のバランスも変わってきます。この2つはループのようにつながって、お互いに作用し合っているのです。

たとえば、上司に急な仕事を依頼された際、

「了解です！」

と、ハキハキと感じのよい言い方をした場合と、

「はい、わかりました……」

と、ボソボソとネガティブな言い方をした場合とでは、体の中の細胞の働き方が変わってきます。

前者の言い方の場合は、自律神経のバランスが整い、脳をはじめとする全身の細胞に酸素と栄養が行きわたるので、頭が冴えて仕事のパフォーマンスが高まります。体にもエネルギーが満ちるため、疲れにくくなり、健康を維持しやすくなります。

いっぽう、後者の言い方の場合は酸素と栄養が不足するため、脳や体のパフォーマン

スが下がります。当然、仕事の処理能力も落ち、上司からの評価は下がります。また、細胞が活性化しないため、さまざまな健康被害を引き寄せてしまいます。

この時生じる健康被害は、短期的なものでは、

「疲れやすい」

「頭がぼーっとする」

「よく眠れない」

「頭痛」

「便秘」など。

長期的にリスクが高まるものとしては、

「がん」

「脳卒中」

「心筋梗塞」

「糖尿病」などが挙げられます。

日常生活で気にする「言い方」というのは、「相手に不快な思いをさせないように」

という、コミュニケーションを主としたものだと思います。

しかし実際には、**毎日の何気ない「言い方」によって、自分のパフォーマンスや健康状態にまで影響が及んでいるのです。**ふだんの何気ない「言い方」で、自分のパフォーマンスや健康を害しているという事実に気づいている人は、ほとんどいません。

しかも、「言い方」は、自分が発するものだけではなく、他人からの「言い方」も同様に作用します。他人から、怒りや愚痴など、ネガティブな「言い方」を投げかけられた瞬間、あなたの自律神経のバランスは一気に乱れ、パフォーマンスや健康に悪影響が及ぶのです（図5）。

残念ながら、他人の「言い方」をコントロールすることはできません。しかし、本書で自律神経に基づく「言い方」を学ぶことによって、そのような口撃《こうげき》を防御し、自分の自律神経のバランスを保つ技術が手に入ります。

最新の医学データにのっとった「言い方」さえ習得すれば、誰もが、仕事の能力が向上し、対人関係もうまくいき、健康になり、人生を素晴らしいものにすることができるのです。

図5　「言い方」で健康被害が起きる

「自律神経」と心や体の関係は、医学的に立証されている

自律神経と心や体の関係については、これまでもたくさん研究されてきましたが、医学的裏付けは取れていませんでした。

しかし、私たち自律神経研究チームが、自律神経を測定解析する機械を開発したことによって、さまざまな事実がわかってきました。なかでも最も驚いたのは、私たちの抱く感情が、自律神経の数値を大きく左右しているということです。

人間には喜怒哀楽があり、その瞬間ごとに、さまざまな感情に支配されています。そして、胸に渦巻くその感情によって、自律神経のバランスはよくも悪くもなるのです。

喜びや楽しみなど、ポジティブな感情を抱いた場合は、自律神経のバランスが整いますが、反対に、ジェラシーや怒り、そねみ、憎しみなど、ネガティブな感情を抱くと、自律神経のバランスは大きく乱れます。つまり、ネガティブな感情を抱いて、**ひと言、ネガティブワードを発した瞬間、自律神経のバランスはさらに乱れ、血流が悪くなり、内臓機能が低下し、ホルモンのバランスまでもが崩れてしまう**のです。

このような状態が長く続くと、疲れがたまりやすくなり、ちょっとしたことで体調を崩したり、大きな病気を引き寄せたりすることにつながります。また、肌や髪のみずみずしさも失われるので、見た目の若々しさも損なわれてしまうのです。

自律神経の測定が可能になったことで、このように「自律神経」と心や体の関係が、医学的に立証されたのです。

CHAPTER2

「言い方」で自律神経をコントロールする

仕事の効率を上げるためにも、
人間関係を円滑にするためにも、
まずは「言い方」を意識する。

相手の自律神経を整える「言い方」を心がける

自律神経の研究を始める前の私は、本当に器が小さい人間だったと思います。

私自身、努力を重ね、がむしゃらに働いていたこともあり、自分はもちろん他人にも厳しく接していました。誰かがミスをすれば「何やってんだ!」と怒鳴り、「なんで、できないんだ!」というようなタイプでした。

なぜなら、当時の私は「努力は必ず結果に反映される」と思っていたからです。ミスをするということは、準備や努力、意欲などが不足しているからだと思い、ミスを決して許しませんでした。

ところが、そんな私にある事件が起きたのです。

なんと、日曜日の夕方になると気持ちが憂鬱《ゆううつ》になる、「サザエさん症候群」にかかってしまったのです。「がんばりたいのにがんばれない」という気持ちを初めて味わいました。ショックでした。

今思えば、30歳を超えて副交感神経の働きが低下し、自律神経のバランスが乱れていたことが原因だとわかります。しかし当時の私は、がんばろうと努力しているのに、心と体がついてこない現実に打ちのめされていました。そして、それまで他人に対して厳しく接していた自分を反省したのです。

現在は、自律神経のバランスが、その人の心や体、パフォーマンスの状態を大きく左右することを知っているので、怒鳴り散らすようなことはしません。相手の自律神経のバランスを整えることを第一に考えて、言い方を工夫しています。

私が強く言いたいのは、**自分の仕事の仲間や家族を「言い方」で落ち込ませて、パフォーマンスを低下させる必要はない**ということです。それは、誰にとってもデメリットでしかありません。

仕事の効率を上げるためにも、人間関係を円滑にするためにも、まずは「言い方」を意識することが大切なのです。

言葉を発する前に意識する8つのこと

はっきり言って、しゃべることにはリスクが伴います。

現在、私はTBSの夕方のニュース番組『Nスタ』に、コメンテーターとして出演させていただいていますが、瞬時に、端的に、適切な言い方をするのは非常に難しいものです。もし、私が不適切な言い方をして後悔しても、電波に乗って放送されてしまったら取り返しはつきません。

そこで私は、正しい言い方をするために、メインキャスターである堀尾正明さんから多くを学びながら、具体的方法を模索しました。

自律神経が安定している時は、基本的に正しい言い方ができるので大丈夫です。しかし、自分の自律神経がどのような状態にあるのかは、自分ではなかなかわかりません。そこで編み出したのが、事前に「箱」を作ることです。箱を作るというのは、自律神経が乱れる要因と、その時の自分の状態を照らし合わせて、自分が今どのような状態にあるのかを客観的に把握することです。そして、それに応じて落としどころまであらかじめ考えておくのです。

具体的には、言葉を発する前に次の8つのことを意識します。


「体調」「予期せぬ出来事」「環境」「自信」「天気」「相手の様子」「時間」「感情」

体調が悪いと、自律神経のバランスが乱れるというのはイメージしやすいと思います。細胞一つひとつが弱っていたら、同じ体の中にある自律神経も、いつも通りというわけにはいかないからです。

　他にも、予期せぬ出来事が起きたり、環境が悪かったり（デスクが散らかっている、嫌なニオイがするなど）、大事なプレゼンを控えているのに準備不足で自信がなかったりなど、自分にまつわるほんの少しの刺激で、自律神経は乱れてしまいます。

　そして、一見無関係に思えることも、実は我々の自律神経を乱します。たとえば、晴れている日は自律神経のバランスが整いますが、雨や曇りなど、どこか煩わしさを伴う天候の場合、バランスは乱れます。相手の様子や時間的余裕の有無も、大きく影響します。そして、欲望や嫉妬、虚栄心などさまざまな感情をまとっている場合も、交感神経が優位になり、バランスが崩れます。

　このように、自律神経は、ほんの少しの刺激ですぐに乱れてしまうので、自分の現在の状態をあらかじめ検証しておくことが大切です。

　検証は、次のようなイメージで行うのがコツです。まず、これら8つの要因を箱の角にひとつずつ当てはめます。そして、その箱の中心に自分がいる様子をイメージし、箱の中心から8つの角を見据えるのです（図6）。すると、「この言い方は、欲望から出ているのではないか？」「自信がないからこそ、強気な言い方になるのではないか？」というように、自分の今現在の自律神経のバランスを客観的に捉えることができます。も

図6　言葉を発する前に「箱」を意識する

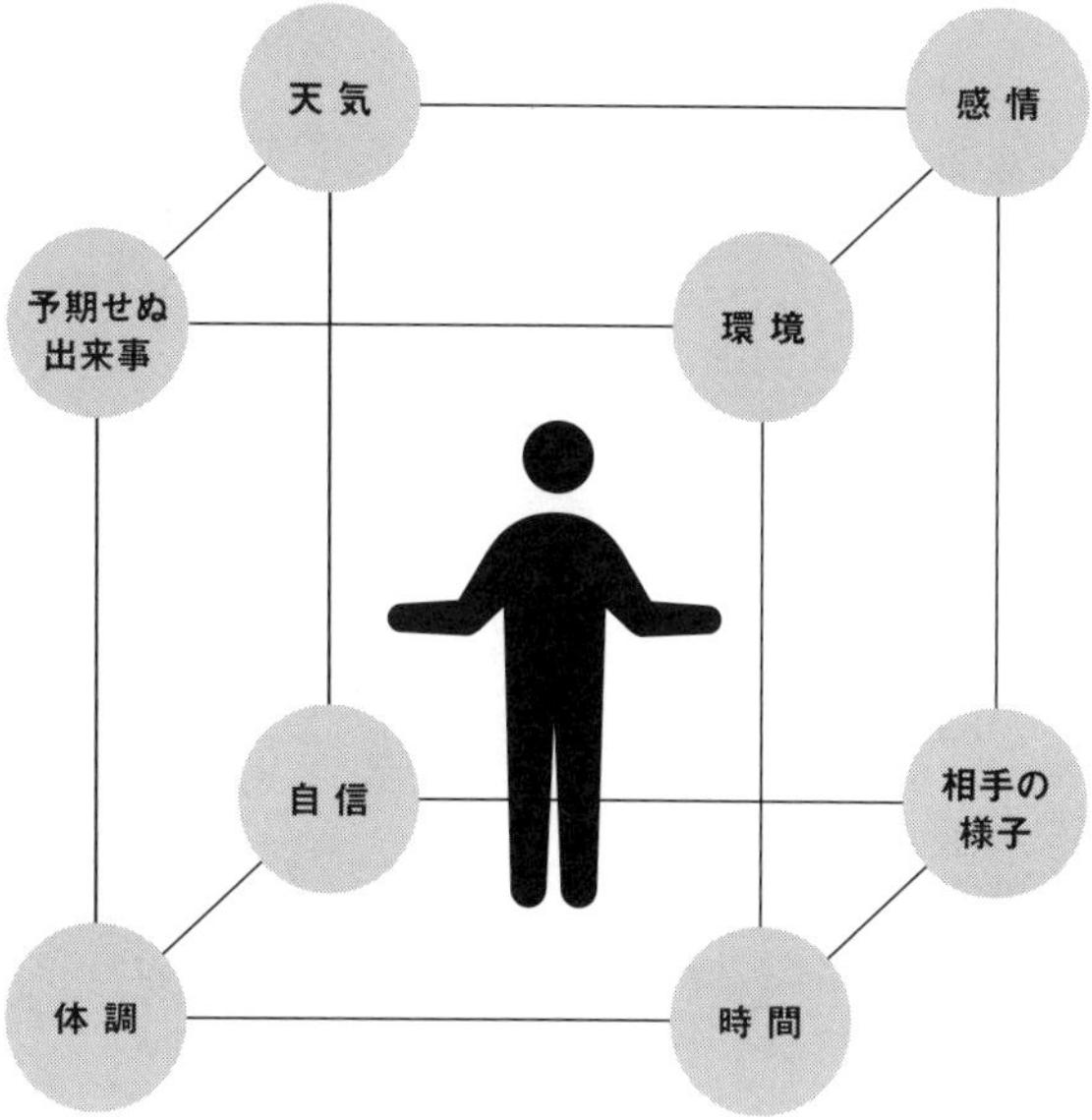

し、頭に浮かんだ言い方が、欲望から出ていると感じれば、違う言い方に置き換えて再度検証します。そうして、正しい言い方をするための条件を一つひとつクリアしていくと、「言い方」で失敗することはまずありません。

もしクリアしていく過程で、「今日はかぜ気味で体調が悪い」となれば、それは自律神経のバランスが乱れているということ。今のままでは、あまりよい言い方ができない状態だということです。その場合は、第3章でご説明する「空気を変える、人生を変える10の『言い方』」を参考になさってください。第3章では、自律神経のバランスを整え、その場の空気を変え、ひいては人生を変える言い方の具体的ポイントをご紹介していきます。第3章でご紹介するポイントは、箱を作る過程で特に自律神経のバランスは乱れていないと感じた方にも、役立つものばかりです。実践することで、さらに素晴らしい言い方ができるようになるでしょう。

今まで「言い方」で失敗してきた方は、事前に「箱」を作らずに、思いつきで発言してしまっていたことが問題だったのだと思います。

多くの人は、「箱」を作らず、「自分が乱れている」という意識がないまま発言してしまいます。そして、「あの時はイライラしていたから仕方がない」「ムカつくことを言われたから、つい言い返してしまった」など、気分や状況に責任を押し付けて、言い方で失敗した本質に目を向けていません。だから、失敗を繰り返してしまうのです。しかし、「箱」を作れば、本質を捉えた検証ができるので、正しい対策をとることができ、失敗の連鎖を断ち切れます。

最初は8つの角を意識するのに時間がかかるかもしれませんが、慣れてくれば誰でも自然とできるようになります。それぞれの角がどんどん遠くへ離れていって、丸みを帯びていき、最終的には球に変化するイメージです。私は、こうしてできあがる「球」こそが、「人の器」だと思っています。8つの角を意識することなく、大きな球体の中で正しい言い方ができる。これが、真の器の大きい人ではないでしょうか。

感情をそぎ落とすことで、自分の器を大きくする

器といえば、以前、元プロゴルファーの古閑美保さんと食事をした際、印象的なことを言われました。その日私はゴルフ帰りで、あるホールでトリプルボギーをたたき、「あの時、あ～じゃなくて、横に出せばよかったんだけどね～。あれでドツボにはまってさぁ」などと、愚痴を言っていました。すると、こう言われたのです。

「それが先生の器ですよ」

確かに、その通りだと思います。器が大きい人は、虚栄心や妬み、欲望などがほとんどありません。そういう感情をそぎ落とすことで、初めて器は大きくなるのではないかと思います。

よく、「ジェラシーや欲望があるから、人は成功を収めることができるんだ」と言いますが、私は違うと思います。今現在、成功を収めており、そういった感情を持っていた人がいたとしても、必ずどこかでそれらの感情を捨てている時期があるはずです。ずっとそれらの気持ちを抱えたままでは決して成功しません。

医師の中にもいます。プライドが邪魔をして、道を拓《ひら》けない人が。若い専門医などが受けている試験を、50歳を過ぎた医師が受けに行くのは勇気がいることです。「落ちたらどうしよう」などと考えて、チャンスを逸することもあるようです。しかし、そこでプライドを捨てて資格を取れば、さらに道が拓けます。小さなプライドを捨てることで、本当に大事なプライドを守ることができるのです。

調子がいい・悪いは、時間帯によって変動する

先ほどお話ししたように、自律神経のバランスを乱す要因は主に8つありますが、そ

のうちのひとつである「時間」について、もう少し詳しくご説明したいと思います。時間に遅れそうでバタバタしたり、発言時間が5分しかなくてあせったりすると、自律神経のバランスは乱れますが、実は、その時の「時間帯」によっても自律神経のバランスは異なるのです。交感神経と副交感神経のバランスは、時間帯によって変動していて、一般的に、朝から日中にかけては交感神経が優位になり、夕方から夜にかけては副交感神経が優位になります。

すでにご説明したように、交感神経と副交感神経は、ともに高いレベルにあるのが理想的なバランスです。そのため、「どちらも高い位置で横ばいを維持するのが一番いいのでは？」と、思われる方もいるかもしれません。確かに、どちらも高い位置を維持するのが最もよいバランスです。しかし、交感神経と副交感神経は、常に上がったり下がったりして互いにバランスを取り合っているため、同レベルで横ばいになることはありません。グラフに表すと交感神経と副交感神経は必ずクロスします（図7）。

大切なのは、なるべく高い位置でそれぞれが推移し、上下の幅が少ない（自律神経の崩れが少ない）状態を維持することです。

図7 自律神経のバランスは時間帯によっても変動している

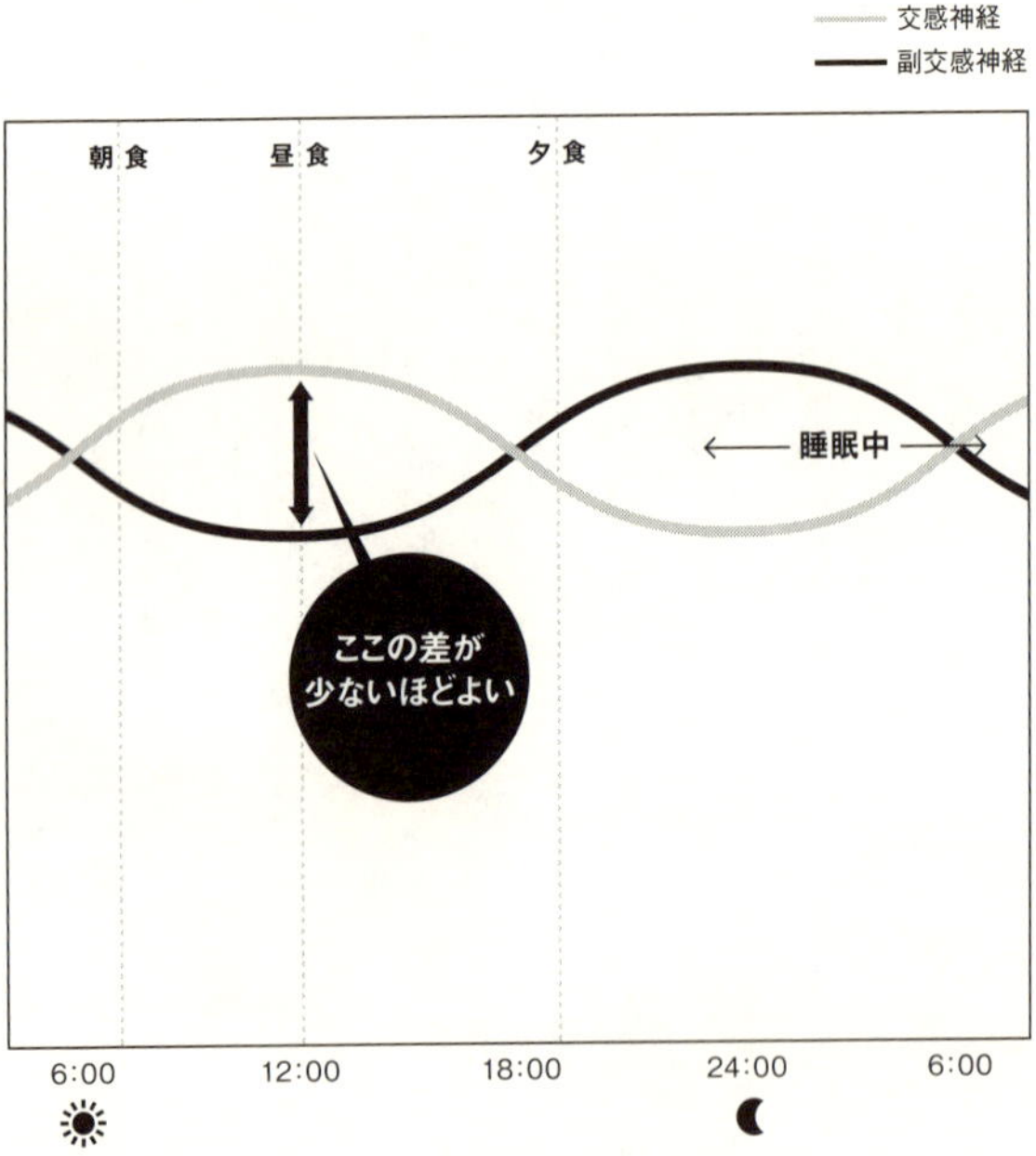

重要な会議は、午前8～10時か午後4～6時に

体が生み出すこの自然なバランスを利用すれば、一日のパフォーマンスを最大限に高めることができます。

たとえば、朝の8～10時は、朝食を食べて交感神経が高まってくると同時に、副交感神経も比較的高い位置にあるので、非常にバランスが整っている時間帯です。会議や重要な仕事など、集中力やひらめきを要する仕事を行うのに最も適しています。私自身、毎朝8時には研究室へ赴き、まずは重要な書類に目を通します。この貴重な時間帯を、メールのチェックや仕事の準備に使うのは、非常にもったいないことです。

昼食前後は、「食べる」という行為による刺激と楽しさで、交感神経が優位になります。また、急いで食べた時にはリバウンドで副交感神経が急上昇するなど、自律神経のバランスが乱れがちなので、メールの処理や資料整理など、脳や体をならす程度の仕事を行うのがよいでしょう。

午後4～6時は、再び自律神経のバランスが整ってくる時間帯です。優位になっていた交感神経が低下してくるいっぽう、副交感神経は盛り返してくるので、クロスの幅が

少なくなります。重要な会議や決断をするのに適しています。

夕方以降は、副交感神経が優位になります。いわゆるリラックスモードになってしまうため、ダラダラ仕事をしてしまいがちです。また、夜の接待での商談も、あまり効率的とは言えません。アルコールが入ることで副交感神経がさらに上がり、仕事の話に身が入らなくなってしまいます。商談は、「言い方」による駆け引きです。自律神経のバランスが整っている時間帯に行ってこそ、有利に進めることができます。

CHAPTER3

空気を変える、人生を変える10の「言い方」

ゆっくり
背筋を伸ばす
笑顔で
抑揚をつける
「1：2呼吸法」を行う

ポジティブに
意表をつく
まず褒める
無駄な想像をしない
自分からは話さない

「言い方」で、一瞬で空気を変え、人生を変えられる

一瞬で空気を変えたいような、「言い方」が問われる局面においては、まず、自分の自律神経のバランスを客観視することが大切です。第2章の「言葉を発する前に意識する8つのこと」でお話ししたように、乱される要因は主に8つあります。あてはまるものはあるか？　あるならいくつか？　自分の状態を分析します。当然、あてはまる要因が多いほど、自律神経の乱れも大きくなります。もし、いくつかあてはまるものがあったら、「自分は今、自律神経のバランスが乱れている」ということを自覚してください。

多くの人は、自分が乱れていることに気づかないまま話を始めて失敗します。しかし、自覚があれば、対策がとれます。乱れたまま話をする人と、乱れたバランスを修復しながら話ができる人とでは、「言い方」に大きな差が出るのは明らかです。

そこでこの章では、自律神経のバランスを整えて、一瞬で空気を変え、ひいては人生を変える「言い方」をするためのポイントをご紹介していきます。「自分は今、自律神経のバランスが乱れていない」と自覚しているという方も、これらのポイントを実践していけば、さらにバランスが整い、判断力や集中力を高めることができます。手足の末

端にまで血液が行きわたるので、繊細な動きが可能になり、細かい作業もスムーズに行えるようになるでしょう。

どれも今すぐ実践できる簡単なものばかりなので、ぜひ、日々の「言い方」に取り入れてみてください。

1 ゆっくり

まず、最も大切なポイントは、ゆっくり話すということです。ゆっくり話すということは、しっかり呼吸をしながら話ができるということです。

昔から、呼吸が健康と関わっていることはよく知られており、昨今も、さまざまな呼吸法が流行しています。しかし、なぜ呼吸が健康につながるのか、医学的には説明できていませんでした。ところが近年、それを証明できる機械が開発されたのです。

その機械は、末梢血管の血流量を数字で表示できる画期的なものです。そして、この機械を使って、呼吸を止めた際、末梢神経の血流量がどうなっているかを調べたところ、瞬時に血液が流れにくくなっていることが判明しました。つまり、呼吸が浅くなると血流が悪くなり、反対に呼吸が深くなると血流がよくなるのです。

ゆっくり話し、呼吸が深くなることによって、良質な血液を体のすみずみまで行きわたらせることができます。その結果、脳や筋肉の細胞一つひとつまで酸素と栄養が供給されるので、頭と体がいきいきとよみがえり、パフォーマンスが上がります。

反対に、早口な言い方では、呼吸を深くすることができません。浅く速い呼吸は、交感神経の働きを高めます。瞬間的には、やる気を上げることはできますが、それが長く続くと血管が収縮し、血流が悪くなり、パフォーマンスが下がってしまいます。そのうえ、話を聞いている相手の副交感神経まで下げてしまうのです。**あなたが早口でまくしたてると、チーム全員のパフォーマンスを下げることになるのです。**それはチームの一員であるあなたにとっても、デメリットでしかありません。

2 背筋を伸ばす

たとえば消化不良は、背骨がゆがむことによって自律神経のバランスが崩れ、起こる場合があります。

背骨は自律神経のバランスをつかさどる要のような存在なので、姿勢のよしあしは、自律神経のバランスを考えるうえで無視することはできません。

自律神経を整えるためには、背筋をしっかり伸ばすことが大切。歩いている時のほか、デスクワークや食事中などにも、自分の背筋が伸びているか意識してみてください。

そうすれば、自律神経が安定しやすい状態になると同時に、気道がまっすぐになるので、呼吸も自然と深くなります。姿勢がいいと、それだけで好印象を与えることができますし、一瞬で空気を変える、人生を変える言い方もできるようになるのです。

3　笑顔で

イライラしている時や、極度なプレッシャーを感じている時などに、特に実践していただきたい方法です。

笑顔で話すと、副交感神経の働きが盛んになり、自律神経のバランスが整います。

いろいろな表情をした時の自律神経の状態を計測、比較するという実験をしたところ、笑顔を作ると副交感神経が上がるという結果を得ました。心からの笑顔はもちろん、作り笑いでも口角を上げるだけで、同様の結果を得ています。

逆に、怒ると副交感神経がガクンと下がります。血液もドロドロになり、重大な健康被害を招きかねません。ですから、**作り笑顔でもいいので、口角を上げて話すことを意**

識してみてください。そうすれば、心と体のパフォーマンスは、どんどん高まっていくことでしょう。

また、この方法は、自分ばかりではなく相手の自律神経を整えるのにも効果的です。

私は医師として、日々多くの患者さんと接していますが、「医者が笑顔でいると、患者さんの治りがよくなる」ということを実感しています。

医師の仕事は、検査や薬の処方、手術など、直接的に治療することだけではありません。患者さんの不安を取り除き、自律神経を整えることによって、治りやすい状態に導くという間接的な働きかけも、治療のうちです。

患者さんは、たいてい深刻な顔をして診察室に入ってきます。自分の体がどうなってしまうのか不安でいっぱいなので、自律神経も乱れています。ですから**私は医師として、まずは自分が笑顔を作ることによって、自分と相手の自律神経を整えることを大切にしています**。人の体はとても敏感で繊細です。こちらが笑顔で接すれば、相手も笑顔になり、相手の乱れた自律神経は整います。実際、軽い症状の患者さんであれば、笑顔で接し、相手の不安を取り除くような言い方をするだけで、自律神経のバランスが整い、快方に向かいます。あなたの周りにいる、人を元気にしたり癒したりできる人も、きっといつも笑顔で話しているはずです。

4 抑揚をつける

一瞬で空気を変えたい場面といえば、自分が劣勢な時だと思います。ミスをとがめられたり、交渉の分が悪かったりする場合は、平坦な言い方ではなく、抑揚をつけた言い方をするのがベターです。もし、相手がカッカして怒鳴りつけてきたら、「ほんと〜に、申し訳、ありませんっ！」というように、**少し大袈裟《おおげさ》なくらい感情を込めて言ってみてください。**ただし、あくまでも客観的に。演じることが大切です。心から言葉を発するのはいいことですが、入りこみすぎて自分を見失うと、自律神経のバランスが乱れてしまい、言い方を誤ってしまいます。少し離れたところで相手と自分を眺めているようなイメージで、自分の言い方や相手の表情を観察しましょう。

とはいえ、通常の会話においては、それほど抑揚を意識する必要はありません。相手も自分も自律神経のバランスが整っている状態なら、「言い方」を強く意識しなくても、失敗はほとんどないからです。あまり難しく考える必要はないので、空気を変えたい、ここぞという時には、抑揚を意識してみてください。

5 「1：2（ワンツー）呼吸法」を行う

大事な交渉やプレゼン、意中の相手とのデートの前などは、誰でも緊張するものです。しかし、緊張すると交感神経が刺激され呼吸が浅くなるため、血流が悪くなり、思考力・判断力・発想力なども低下してしまいます。その結果、自分らしい、いつもの言い方ができず、大きなチャンスを逃すことにもなりかねません。

医師の仕事も、緊張の連続です。

一刻を争う緊急手術や非常に難しい手術に臨む時、どうしてもその場にいるメンバーは緊張が高まります。しかし、そんななかでも、名医といわれる人たちは集中力を持続させ、本来の力を発揮することができます。なぜでしょうか？　実は、これには呼吸法が大きく関係しているのです。

極度にプレッシャーがかかる状態で、**本当の集中ができる人は、無意識に「1吸ったら、2吐く」、つまり「1：2（ワンツー）呼吸法」をしています。**自律神経が非常に高いレベルで安定するので、周囲の状況を的確につかむことができ、細かい作業を思い通りに行うことができます。

「1：2呼吸法」のやり方は、とても簡単です。

①3～4秒間、鼻から息を吸う

②6～8秒間、口をすぼめて、口からゆっくり吐く
③これを5～7回繰り返す

息を吐く際は、なるべくゆっくり長く吐くことを意識してください。そうすることで、頸部にある圧受容体というものが反応して、副交感神経を効果的に高めることができます。

鼻呼吸と口呼吸では、鼻呼吸のほうがおすすめです。なぜなら、鼻呼吸の場合、粘膜や毛などの物理的障害物により、空気中のホコリや病原体を排除することができるからです。また、乾燥した空気に適度な湿度も与えてくれます。

そして、**言葉を口にする時は、なるべく低いトーンで話すようにします**。トーンを低くしようとすると顎が下がるので、自分の足元が見えます。人間は足元が見えないと、地に足がついていない言い方をしやすくなりますが、自分の足元が見えることで、落ち着いた物言いをすることができます。人生がかかっているような勝負の時には、「1：2呼吸法」を行い、低いトーンで話しましょう。そうすれば、自律神経が整い、どんな時でも自分の力を出し切れる、本番に強い人間に変われるはずです。

6　ポジティブに

「こんなはずじゃなかったのに」「あの人のせいで失敗した」「なんであいつばっかり」など、私たちの心は、さまざまな悔いや恨み、妬みにとらわれがちです。

しかし、これらの感情を口に出すと、その瞬間に自律神経は大きく乱れてしまいます。言葉に表すことで、それまでは霧のように広がってつかみどころのなかった不満が、具体的な形を成し、体の中にとどまってしまうからです。そしてその乱れは、一般的に3～4時間持続します。愚痴を言ってなんとなくスッキリしたような気がしても、実はそれ以降も自律神経は乱れ続け、パフォーマンスを下げてしまっているのです。

そして**さらに悪いのは、仲間うちで愚痴を言い合うこと**です。不満を抱えた者同士が集まって愚痴を言っていると、不安な者同士で居心地がよくなり、妙に安心した気持ちになります。これを「自律神経の低安定」と言うのですが、モチベーションを著しく低下させると同時に、体調も壊しやすくなる最悪の状態なのです。

自律神経を整えるためには、予想外のことが起きたり、アンラッキーなことに見舞われたりしても愚痴を言うのではなく、**「仕方ない。なるようになるさ」と気楽に構え、ポジティブな言い方を意識することが大切**です。

私が所属している順天堂大学には、尊敬できる優秀な医師がたくさんいますが、彼らに共通して言えるのは、愚痴や不平不満など、ネガティブな言葉を発しないということです。天皇陛下の執刀を担当した天野篤先生もそんな名医の一人です。私は天野先生が、組織への不満や他人へのジェラシー、批判など、負の言葉を口にしているところを見たことがありません。

ポジティブな言い方をすることとは、気持ちを陰から陽に切り替える作業です。ネガティブな感情にとらわれ、怒りや不安、緊張などに支配されているとしても、**ポジティブな言い方をすることによって、副交感神経を高めることができます。**そうして、ポジティブな言い方をしているうちに、どんどん自律神経のバランスが整い、一瞬で空気を変える、人生を変える「言い方」ができるようになります。憂鬱な時ほど、前向きな言い方をするべきなのです。

7 意表をつく

ポジティブな言い方をするのが大切だとお伝えしましたが、実際には、なかなか難しいと感じる方もいると思います。確かに、何か不愉快なことが起きた時、気持ちを明るく保つのは、交感神経が優位な状態に慣れている現代人には難しいことかもしれません。

そこで、イラッとした時に、自分の自律神経のバランスを修復する言い方のコツを、もう少し具体的にご説明したいと思います。

それは、「相手の意表をつく」ということです。

たとえば、ご家庭で奥さんから「なんで洋服を脱ぎっぱなしにしてるの！　早く片づけてよ！」と言われたとします。この時、奥さんの自律神経は怒りによってすでに乱れています。したがって、言われたあなたも、突然怒りをぶちまけられたため、自律神経が乱れていきます。「わかったよ」などと言ってムスッと対応してしまうと、お互いのイライラはさらに増幅し、自律神経のバランスもどんどん乱れていきます。こうなると、ちょっとしたことが火種となり、さらなる大げんかがいつ起きてもおかしくないでしょう。

しかし、もしここで、「も・う・し・わ・け、ありませんっ！」や「ダブル了解！」など、**少し茶目っ気のある言い方をしたらどうでしょう。**相手からすると、意外な言い方をされたため、一瞬言葉に詰まることでしょう。このように、人は投げたボールを予想外のところに返された時、そのボールを回収している間に、怒りが少しずつ鎮まっていくのです。

もちろん、こういったユーモアのある言い方をする際は、相手との関係性を見極める必要があります。上司から怒られているのに、ユーモアで返していたら、さらなる怒りを買いかねません。

しかし、感情が爆発しがちな親しい間柄においては、この「相手の意表をつく」というのは、非常に効果的に作用します。つい、売り言葉に買い言葉で、仲間や家族と口争いが絶えないという方は、ぜひ一度試してみてください。**怒りに支配されている時ほどユーモアのある言い方をする**ことで、自分も相手も自律神経が整い、無駄な時間や余計な健康被害を防ぐことができます。

8 まず褒める

これは、あなたはもちろん、相手の周りの空気も変えられる言い方です。

組織で働いていると、当然、部下や後輩を怒らなくてはいけない場面にも遭遇します。怒りをためているあなたの周りには、イライラした空気が漂っていることでしょう。しかし、いきなり「何やってんだよ！」と怒鳴り散らしてはいけません。怒らなくてはいけないとしても、**まずはよかった点を褒めてください。そしてその後に指導する**のです。そうすることによって、あなた自身は、自分を包み込むイライラした空気を払拭《ふっしょく》することができますし、それと同時に、「やばい、怒られる」とビクビクしていた相手の空気も変えることができるのです。

そもそも、怒る目的というのは、相手に反省させることです。**反省を促すためには、怒鳴っても無駄**なのです。いきなり怒鳴ると相手は緊張感が一気に高まり、冷静に聞き入れられなくなります。まずは褒めて、相手の受け入れ態勢を整えてあげて初めて、相手は素直に反省できるようになります。

スポーツにおいても同様です。選手が失敗をした時に、「何でお前、できないんだ！」と怒鳴る監督と、「さっきのプレーは最高だったよ。でも、今のプレーはお前らしくない。どうしたんだ？」という言い方をする監督とでは、怒られているのは同じなのに、選手のモチベーションはまったく違ってきます。

後者の言い方の場合は、冒頭に褒められたことによって副交感神経の働きが高まり、血流もよくなるので、自律神経のバランスが整います。その結果、パフォーマンスもよくなるので、選手は自分の実力をいかんなく発揮できるでしょう。反対に、前者の場合は、怒られたことによって、「また失敗したらどうしよう」など、ネガティブな思いが渦巻き、血流が悪化して、さらなるミスを犯しかねません。

自分の自律神経を整えるのはもちろん、相手の自律神経を整えるのも、すべて「言い方」次第なのです。

9 無駄な想像をしない

人間は想像することによって、体を支配されることがあります。

たとえば、高所恐怖症。「ここから落ちるかもしれない」と想像するせいで、心臓がドキドキし、足がすくんでしまいます。しかし、落ちる姿を想像しなければ、冷静さを保つことができます。

「言い方」も同様です。話す前に、「こんなことを言ったら嫌われるのではないか」「知識がないと思われるのではないか」など、いろいろな想像をすればするほど、体は固まり、頬が赤らみ、唇も乾いてきます。**無駄な想像をするせいで、次から次によからぬ考えが浮かんできて、どんどん自律神経のバランスを崩してしまう**のです。

もちろん、「こんなことを言ったら、相手は嫌な思いをするかもしれない」と、相手に配慮することは必要です。しかし、それらの配慮と無駄な想像はまったくの別物です。

「無駄な想像をしない」そう決めておくだけで、自律神経は整いだし、一瞬で空気を変える、人生を変える言い方ができるようになります。

10 自分からは話さない

「言い方のアドバイスなのに、自分からは話さないなんておかしい」と思われるかもしれません。ですので、まずは私がこう思うようになった理由を説明させてください。

昔の私はおしゃべりで、余計なことを口走って失敗ばかりしていました。調子に乗って自分からくだらないことを話し始め、雲行きがちょっと怪しいと感じたら、それをごまかすためにさらに話す……というダメなパターンを繰り返していたのです。

そこで思いついたのが、「自分からは話さない」というルールです。周りの状況をしっかり見て、**自分の立ち位置を把握し、相手から何か質問をされたらそれに答えるというスタイル**です。

それでも、会議の時には「何か言ってやろう」などと思うこともありましたが、「自分からは話さない」を実践し、様子をうかがっていると、「あ、そういうことか。余計なことを言わなくてよかった」と助けられたことが何度もあります。そんなルールを守り始めてから思ったのは、**「たくさん話すこと＝自分の存在をアピールすること」ではない**ということです。言葉が少なくても、存在感がある人はたくさんいます。俳優の高倉健さんは、その最たる例ではないでしょうか。寡黙ですが、時たま口から出るひと言には重みがあり、人の心に残りました。自分から先走って話をしないことで、状況を的確につかみ、思慮深い言い方をなさっていたのだと思います。

また、「自分からは話さない」には、「相手が勝手に想像してくれる」というメリットもあります。話をしないと意思が伝わらないと思いがちですが、リアクションを求められた時に、「そうですね」とひと言返すだけで、相手は自分のいいように解釈するものです。そうやって、相手から質問された時だけ話すようにしていると、状況を的確につかみ、一瞬で空気を変える、人生を変える言い方ができるようになります。

CHAPTER4

「ゆっくり」言えば空気が変わる、人生が変わる

ゆっくりした「言い方」は、
今すぐ簡単に真似できる、
物事をスムーズに運ぶコツ。

ゆっくり話せば、心に余裕ができ、感情のコントロールができる

もともと私はせっかちで、非常に早口でした。しかし、ある出会いがそんな私を変えたのです。

私にゆっくりした言い方の大切さを教えてくれたのは、現在、自律神経の研究をともに行っている雪下岳彦先生です。彼は、順天堂大学医学部6年生の時、ラグビーの試合中に頸椎《けいつい》を骨折し、首から下が完全に動かなくなってしまいました。成績もよく、ラグビーでも活躍し、順風満帆な人生でしたが、不運なアクシデントにより臨床医になる道は閉ざされてしまいました。

そこで私は彼に、自律神経の研究に加わらないかと声をかけました。彼は快諾してくれましたが、論文を書くにしても、キーボードを一文字ずつ口で押さねばなりません。普通の人間ならすぐに挫折してしまったことでしょう。しかし彼は努力を重ね、ひと言も愚痴を言わず、穏やかにほほ笑み、常に物言いもゆっくりしていました。そんな彼を見て、非常にショックを受けました。なぜなら、当時の私はといえば、ちょっとしたこ

とでスタッフを早口で怒鳴り散らし、イライラし、また怒ってしまうという悪循環を繰り返していたからです。

「雪下先生が穏やかにほほ笑んでいられるのは、ゆっくりした言い方が関係しているのではないか？　ゆっくり言うことで心に余裕が生まれ、感情のコントロールを可能にしているのかもしれない」

そう仮説を立てた私は、それ以降、ゆっくりした言い方を心がけました。

たとえば**スタッフがミスをしても、怒鳴りたい気持ちを飲みこみ、あえてゆっくりした言い方をする**のです。すると、自分も相手も心が落ち着き、起きてしまったミスに対して、冷静に対処できるようになりました。思えばこれこそが、「言い方」と自律神経の関係に着目するきっかけだったと思います。

こうして、ゆっくりした言い方の効果を実感した私は、職場に限らず、家族や友人、地域など、どんなシーンでも、ゆっくりした言い方を実践しています。

ゆっくりした言い方は、誰でも、今すぐ簡単に真似できる、物事をスムーズに運ぶコツなのです。

百戦錬磨の名医は、ゆっくり話す

いわゆる名医といわれる人に、早口な人はいません。

たとえば一刻を争う緊急オペの場合、どうしても現場は緊張し、あせりがちになります。しかし、名医といわれる人は、「はいはいはい、ちょっと見せてもらえますか〜」など、非常にゆっくりした言い方をします。すると周りの人間も、「あれ？　そんなに大変じゃないのかな？」という気持ちになって落ち着きを取り戻し、絶望感に包まれていた空気が影をひそめていくのです。

百戦錬磨の名医は、自分が早口でまくしたてることによって、周りのみんなをあせらせてしまい、それがミスにつながることをよくわかっています。生命がかかっている手術の場において、うっかりミスは決して許されません。だからこそ、たとえどんなに急いでいても、ゆっくり話すことによって、その場にいる全員の自律神経を安定させることを肝に銘じているのです。

大企業のトップとお話しする機会も多々ありますが、やはり、非常にゆっくり、丁寧に話される方がほとんどです。サイバーエージェントの藤田晋さんも、そのうちの一人です。

ただ、一般的にIT企業の若手の経営者の方は、非常にエネルギッシュなので、早口の方も多くいらっしゃいます。しかし実は、そのような方の場合、自分でも気づかないうちに疲れがたまっているケースが多いのです。

男性は、だいたい30歳を境に副交感神経の働きが落ち、自律神経のバランスが崩れやすくなるため、疲れが取れなかったり判断力が鈍ったりして、勝負所で真の力を発揮しにくくなります。しかし、藤田さんは違います。いつどんな時に顔を合わせても、常にゆっくりした言い方をしています。競争が激しい今日において、サイバーエージェントがこれだけ頭角を現しているのには、藤田さんの、ゆっくりした話し方が寄与しているに違いありません。

ゆっくり話せば、会議で失敗しない

会議やプレゼンの時、あなたはどのように話していますか？　自分の考えを伝えるために、一生懸命早口でしゃべっていませんか？

ふだん、友人と会話する際は決して早口ではないのに、会議など緊張を強《し》いられる場面では早口になってしまう方が多いようです。心に余裕がある時の呼吸は、1分間に15～20回程度ですが、緊張している時は1分間に20回以上になります。呼吸が浅くなると低酸素状態に陥り、頭が働かなくなるため、言い方で失敗することが多くなります。

いっぽう、ゆっくり話すと、しっかり呼吸をすることができます。血管が開き、末梢まで血流がよくなるので、心身ともにリラックスでき、言い方で失敗することが確実に減ります。**言葉が口をついて出る前に、もう一度頭の中で内容を噛み砕き、適切な言い方に置き換える余裕が生まれる**のです。そうすることによって、発言のポイントを絞ることもできるので、簡潔でわかりやすい言い方ができるようになります。たっぷり水が入ったコップを急いで持ち上げるとこぼれてしまいますが、ゆっくり持ち上げればこぼれません。「言い方」もそれと同じです。

ゆっくり話せば、信用される

ゆっくり話すと、失敗が減るのはもちろん、話に説得力が生まれます。自信がなくても自信があるように見え、内容が薄くても大したことがあるように見えます。つまり、周りをコントロールすることができるのです。

自民党の石破茂さんなどは、その典型ではないでしょうか。

彼は、非常にゆっくりした言い方をします。よく聞いてみると、いたって普通の内容なのですが、**ゆっくり話すことによって説得力が生まれています。**政治家は、失言が多いですが、石破さんにはそのような失敗はほとんどありません。これは、彼がゆっくり話していることが大きな要因だと思います。

ですから、プレゼンや面接など、言い方が問われるシーンでは、「ゆっくり」が非常に効果的です。**特に出だしを意識的にゆっくりにすると、その後もゆっくりしたペースを維持できます。**反対に、話し始めが早口になってしまうと、交感神経が優位になるため緊張が高まり、どんどん早口になってしまいます。自律神経には、継続性という性質があるため、最初に落ち着いて話せれば、話している間中、自律神経が安定し、説得力のある言い方をすることができます。

また、不思議な話ですが、自信がなくて早口でしゃべっている時ほど、他人は発言の弱点に気がつきます。おそらく、早口でしゃべることによって、相手の交感神経を刺激し、相手のアンテナを敏感な状態にしてしまうからだと思います。反対に、ゆっくり話すと、相手の副交感神経を高めるので、猜疑《さいぎ》心を解き、「この人は信用できる」と思わせることができるのです。

ゆっくり話すと、言葉が感情に左右されない

人は言葉を発する時、妬みや自尊心、怒り、悲しみ、喜びなど、さまざまな感情に突き動かされています。

たとえば、怒りにまかせて叫んだとします。すると、それによって怒りの感情が増幅し、さらに怒声を上げたり、物にあたったりして、感情のコントロールがきかなくなってしまいます。

ところが、ゆっくり話すと、言葉が感情に左右されなくなります。言葉を発する前に、感情を打ち消す余裕が生まれるので、怒っている、喜んでいるなどの「衣」を着なくなります。何色にも染まっていない平常心に満ちた言い方をすることができるのです（図8）。

報道番組でキャスターがニュースを伝える際も、ゆっくり話していると思います。ゆっくり話すことによって、賛否が分かれるようなニュースを伝えていても、キャスター自身の感情を読み取ることはできなくなります。もし、ゆっくり話さなかった場合、言葉が感情をまとい、キャスター自身の思いが浮き彫りになってしまうことでしょう。そ

図8　ゆっくり話すと感情を打ち消せる

言葉を発する前に
感情を打ち消す余裕が生まれる

して、「なぜあのニュースを嬉しそうに伝えているんだ！」「なぜ、こんなに革新的なことを、つまらなそうに伝えるのか」など、不信感を抱かれることになります。

ニュースキャスターのゆっくりした言い方には、わかりやすく伝えることに加え、実はこんな理由もあるのです。

ゆっくり話すと、いい声が出る

いい声は、相手に安心感を与え、自律神経のバランスを整える作用があります。『ジェットストリーム』のナレーターであった城達也さんは、まさに、いい声の代表です。彼のゆっくりした言い方は実に心地よく、ずっと聞いていたくなるような不思議な魅力があります。

人によって、もちろん声は違います。ハスキーだったりつやっぽかったり、いろいろです。しかし、誰もに共通して言えるのは、「ゆっくり話すと、いい声が出る」ということです。

私は以前ラジオに出演した際、声がいいと褒められたことがあるのですが、いつもと何が違ったかを考えてみたところ、いつも以上にゆっくり話していたことに気がつきました。ゆっくり話すことによって、いつもと同じ声質にもかかわらず、「いい声」という印象を与えることができたのです。

いい声かどうかを判断するのは聞き手です。**ゆっくり話すと聞き手の自律神経のバランスも整えることができるので、聞き手はそれを「いい声」と認識する**のです。反対に、早口でまくしたてると、聞き手の自律神経は乱されるので、いい声とは認識されません。

大事な会議やプロポーズなど、ここ一番という時には、ぜひ、「ゆっくりいい声」で話してみてください。

ゆっくり話すと、若々しくなる

ゆっくり話すメリットはまだまだあります。ゆっくり話すと自然と呼吸が深くなるので、末梢の細胞一つひとつにまで、酸素と栄養を供給することができます。心身のパフォーマンスが高まるのはもちろん、肌や髪など、見た目も若々しくなります。

人は年齢を重ねると、記憶力が低下したり疲れやすくなったりしますが、実はこれらの多くは、「年齢」よりも「自律神経の乱れ」が原因のことが多いのです。自律神経が乱れているせいで、末梢の細胞にまで血液が届いていないのです。

したがって、ゆっくり話すことで体のすみずみまで血液を届ければ、思考力・判断力・記憶力・集中力など脳の機能が活性化するとともに、前向きな心やチャレンジする勇気、つややかな肌、コシのある髪、疲れにくい体……など、若さの賜物《たまもの》を取り戻すことが可能なのです。

ゆっくり話して、駆け引き上手になる

銀座のナンバーワンホステスなど、異性の心を引きつける女性は、みんなゆっくり話しています。ドラマに登場する魔性の女性も、ゆっくり話すケースが多いと思います。

ゆっくり話すとモテる理由のひとつは、エレガントな印象を与えることができるからです。キャピキャピ話す人は元気でよいのですが、少し慌ただしい印象を与えます。しかし、ゆっくり話す人はしっとりとしたつやのある色気を放ち、大和撫子《なでしこ》らしい上品さを醸し出すことができます。

そしてもうひとつの理由は、ゆっくり話すことで呼吸が深くなり、自律神経のバランスを整えることができるからです。**絶妙のタイミングで相槌を打ったり、会話を広げたりできるので、相手は心地よくなり、虜《とりこ》にされてしまいます。**

反対に、自律神経のバランスが乱れていると、会話がうまく運びません。交感神経が高すぎると自分のアピールばかりをしてしまい、相手は引いてしまいますし、副交感神経が高すぎるとタイミングよくリアクションがとれず、会話が弾みません。

つまり、ゆっくり話すことによって、押すところは押す、引くところは引くという、駆け引きを上手に行える人に変身できるのです。

ゆっくり話すためには、意識をする

「ゆっくり話したくても、ついつい早口になってしまう」という方もいらっしゃると思います。しかし、ゆっくり話すためには、「ゆっくり話す」と意識するしかないのです。

人は、ふだん無意識の中で生きています。

たとえば、青いネクタイが欲しいと思っていると、青いネクタイの人が目についたり、ダイエットしたいと思っていると、スタイルのいい人がやたら多いように感じたりしたことはありませんか?

もちろん、昨日今日で、急に青いネクタイの人やスタイルのいい人が増えたわけではなく、それまで単にあなたが意識していなかっただけです。しかし、対象を意識したことによって、それを把握できるようになったのです。

このように、私たちは周りの状況さえきちんと把握しないまま毎日を生きており、意識して初めて認識することができます。

しかし逆を言うと、意識さえすれば、ターゲットを的確に捉えられるということです。

これまで、ついつい早口になってしまっていたけれども、**「ゆっくり話す」と、常に意識することで、必ずゆっくり話せるようになります。**

意識することこそが、ゆっくり話せるようになる近道なのです。

CHAPTER5

人間関係を好転させる「言い方」

まず「了解です」と答えることが、
人間関係をスムーズに運ぶ秘訣。

初診の患者さんにはまず住所の話

ビジネスでの会食や地域の集まり、仕事の売りこみなど、初対面の相手ときちんとコミュニケーションをとることは、なかなか難しいことです。なかでも、診察室という空間は独特だと言えるでしょう。

まず、診察室を訪れる方は心や体に不調を抱えているので、不安でいっぱいです。そのため、ほとんどの方は自律神経のバランスが崩れています。

そして、医師のことを「先生」と呼ぶことから、自ずと上下関係のような図式が形成されています。「先生」と呼ぶ初対面の相手に対して、思ったことを自由に言える人は多くありません。「実はたまに頭も痛いんだけど、あんまり関係ないかな」など遠慮をしてしまったり、緊張のあまり、「これは言おう！」と決めていたことも、言い忘れてしまったりすることが多いようです。そのため、「頭痛はありますか？」と聞かれて初めて、「はい、たまにあります」と答えるという、医師から患者さんへの一方通行の会話になりがちです。

しかし、当然のことながら、医師と患者さんの間に上下関係など存在しません。医師である私の務めは、患者さんの病状を的確に把握し、最適な治療法を提示することです。

そして、それを適《かな》えるために欠かせないのが、問診です。

視診・聴診・触診を行っても、はっきりした原因がわからない時、問診によって病名のヒントを得られることがたくさんあります。問診では、患者さんをリラックスさせ、話をしやすい雰囲気を作り出すことが何より大切です。そのため、私は初診の患者さんを診る時、一番最初にこう言います。

「今日は遠くから大変でしたね」

カルテの住所欄に真っ先に目を通し、病気とは関係のない話をするのです。もちろん、近隣からお越しの方に対しては、「ここは便利でいいところですよね」など、フレーズはアレンジしますが、まずは必ず、お住まいの場所について話します。そうすると、患者さんも病気のことでいっぱいになっていた頭が、一瞬、他のことにスライドされて、ふっと心が和みます。そして、「そういえば、頭もたまに痛むんですけど」と、患者さん自身から積極的に病状を話してくださるようになります。

昔から、**初対面の相手との会話のネタといえば、天気や住んでいる場所が王道ですが、**

それらはまさに、会話をスムーズに運ぶ潤滑油として、適切な話題なのです。

「がんばって」ではなく「無理することないよ」

とても目配りができるけれど、どこか恩着せがましくなってしまう人と、真の心配りができる人の違いはどこにあるのでしょうか？

人は、「誰かに見られている」ということに対してもストレスを覚えます。

たとえば、自分が差し入れたものを食べきれないでいる相手に対して、どんな言葉をかけますか？

「残してもいいんですよ」

確かに、親切な言い方です。相手が食べきれずにいることに気づいて、気にしないでいいという気持ちが込められています。

しかし、言われた相手にとっては、「残しているのを見られている」という、ちょっと顔が赤らむような、気恥ずかしい言われ方でもあるのです。

それでは、こういう言い方はどうでしょうか。

「無理することないですよ」

自分が言われる立場だとしたら、こう言われるほうが楽になりませんか？
同様に、がんばっている人に対して「がんばって」と言うのも、もったいない間違いです。なぜなら、そんなことを言われなくても、相手はすでにがんばっているからです。

たとえば、がんと闘っている患者さんは、薬の副作用や術後の痛みに耐えながら、懸命に治療を受けています。いくら治療をしてもなかなか治らず、毎日辛くて大変だけれど、少しでも早く回復させるために、毎日とても「がんばって」いるのです。

そんな彼らに対して「がんばって」と言うことは、余計なストレスを与え、自律神経の働きを乱し、病気の回復を遅らせることにつながります。だから、そんな相手に対しても、私なら「無理することないですよ」と言います。常にがんばっている人は、感情を奮い立たせているので、交感神経が優位になっています。ですから、副交感神経を高めるような言い方をしてあげないと、自律神経のバランスがどんどん崩れていってしまいます。

このように、**ちょっとした言い方の違いで、「恩着せがましい」と「心配りができる」とに、評価は分かれてしまう**のです。

ジャイアンツの大逆転を呼んだ間違えた「言い方」

正しい言い方ができないと、当然周りからは、「あの人は空気が読めない」「何もわかってない」など、低く評価されてしまいます。それればかりか、相手の逆鱗《げきりん》に触れ、思わぬしっぺ返しをくらうこともあります。それを如実に表す、有名なエピソードがあります。

1989年の日本シリーズでの出来事です。セ・リーグの覇者・読売ジャイアンツと、パ・リーグの覇者・近鉄バファローズの対決は、対戦前の予想では、圧倒的にジャイアンツが優勢でした。しかし、ふたを開けてみれば近鉄が3連勝。このまま勝利を重ねるかと思われましたが、近鉄の投手のある発言が、ジャイアンツ大逆転の布石となりました。

「巨人はロッテより弱い」

この年、パ・リーグの最下位だったロッテより、巨人のほうが弱いと発言したのです。実際は、異なる趣旨の発言をマスコミがすり替えたともいわれていますが、こんな言い方をされたことによって、肩を落として聞いていたジャイアンツの選手たちの闘争心に火が付きました。そして、3連敗後に4連勝という大逆転劇となったのです。

言われた側のジャイアンツは、交感神経が急上昇して、アドレナリンが大量に分泌されたことでしょう。しかし、もしここで交感神経が過剰に優位な状態のまま次の試合を迎えていたら、ジャイアンツは勝利できなかったはずです。

トップアスリートであるほど、交感神経も副交感神経もともに高い最高のバランスを保っています。脳や全身の筋肉に良質な血液を送り届けることができるので、冷静な判断と、高いパフォーマンスを発揮することができるのです。

おそらく、この時のジャイアンツにとって、あのヒーローインタビューの言葉は、3連敗をして諦めモードだった、ふがいない自分たちを省みるきっかけになったのだと思います。あくまでも冷静さは失わず、高いモチベーションを取り戻したことで、交感神経と副交感神経がともに高いレベルに位置する、最高の状態を手に入れられたのでしょう。

スマートな謙遜が成功へのカギ

たくさんの方と接していて思うのは、優秀な人はみんな、難しい場面でも言い方がうまいということです。

陰口をたたく場面に巻きこまれても、自分自身は悪口にはならないような言い方をしたり、自分を持ち上げられても、嫌みにならないように謙遜したり、実に上手にその場を切り抜けます。

慶應大学ラグビー部の元監督である林雅人さんも、言い方がうまい一人です。

彼は、慶應の幼稚舎出身で、いわゆる超エリートなのですが、いやらしさがまったくありません。

「自分は、〝I am a pen〟のレベルですから」

など、**実にスマートに謙遜する**のです。

余裕を感じますし、かえって高貴にまで感じてしまいます。少し妬ましい思いで林さんを持ち上げた人も、こういう言い方をされたら、自分のそねみを恥じるかもしれません。そしてその瞬間、ネガティブな感情で満ちていた空気は晴れていくことでしょう。

こういう受け答えができる方は、人に受け入れられやすくなるので、人脈が広がり、人生で成功します。正しい言い方をすることは、一瞬で空気を変え、人生を変えることにつながるのだと心から思います。

一瞬で部下のパフォーマンスを高める呼びかけ方

「言い方」を一番意識する場面といえば、ビジネスシーンだと思います。上司と部下の板挟みになり、あっちを立てるかこっちを守るかで、頭を悩ませている方も多いのではないでしょうか。特に、ある程度社会人経験を積んだ方に多い悩みが、部下の育成についてです。「なんでこんなこともできないんだろう？」「自分がこのくらいの時は、もっとできていたのに」など、言いたいことは山ほどあるでしょう。しかし、それをそのまま口に出したところで、部下は成長などしません。答えが見えない迷路に部下を追いやって、さらにパフォーマンスを低下させるだけです。

自分が新人だったころの気持ちを今一度思い出してみてください。上司から急に「おい、佐藤！」と名前を呼ばれるだけで、「なんかヘマをしたっけ!?」とドキドキしていませんでしたか？

部下は、常に上司の顔色をうかがっています。ですから、**部下にとっては名前を呼ばれるだけで、すでにストレス**なのです。したがって、無意識に声をかけてはいけません。そこからすでに始まっているのです。大切なのは、声をかける時点で「これは怒るとかではないんだよ」ということを相手にわかるようにすることです。そうすれば無駄なストレスを与えずに済みます。

たとえば、

「おい、佐藤！」

「おい、佐藤〜」

「おい、さとちゃん」

この呼びかけの中で最も相手にストレスを感じさせないのは、一番最後の「おい、さとちゃん」です。あだ名には相手の緊張をゆるめるパワーがあるので、相手の受け入れ態勢を整えることができます。

何気なく行っている呼びかけによって、相手の自律神経を乱している危険性に気づいている人はほとんどいません。しかし、その可能性は大いにあるのです。よい上司とは、部下を、パフォーマンスを発揮しやすい状態に整えることができる人です。そのためには、無駄なストレスを与えないように、声をかける段階から言い方を意識することが大切です。

部下を叱る時の、3つのルール

そもそも叱るという行為の目的は、相手が同じ過ちを犯さないように反省を促し、改善させることです。ところが、世の中には怒鳴り散らすこと自体が目的になっている人が多くいます。

相手に失敗を検証させ、改善させるために大切なのは、やはり自律神経のバランスを整えることです。血流がよくなり、細胞一つひとつが活性化すれば、冷静に過ちを分析し、対策を講じることができます。それと同時に、筋肉もスムーズに機能するので、細かい作業も正確にやり遂げられるようになります。

しかし、相手の自律神経のバランスを崩してしまった場合、怒られている最中からすでに相手は聞く耳を持たなくなります。緊張と不安も高まってミスを冷静に検証できません。そればかりか、心や体に不具合が生じて出社もままならなくなるかもしれません。相手の能力を高めるために叱っているはずなのに、それでは本末転倒です。

したがって、叱らなくてはいけない際は、相手の自律神経のバランスを保つために次の3つのことに気をつける必要があります。

①時間を空けずに叱る
②短く叱る
③1対1で叱る

①は簡単なことです。時間が経過して、「あの時の件だけど」と後から言われるのは、部下にとってはたまりません。自分なりに反省して心の整理をつけているにもかかわらず、ミスを掘り返されて叱られると、もう一度落ちこむことになります。これは、せっかく回復した自律神経のバランスを再度乱す行為です。

②は、ダラダラ叱っても相手の傷口に塩を塗ることにしかならないという意味です。具体的解決策を提示するならいざ知らず、「どうしてこうなっちゃうのかなぁ〜」「なんとかならないの？」など、誰にでも言える批判を並べたてるのは時間の無駄ですし、相手の健康も害しかねない不毛な行為です。

③は特に重要です。人前で叱ってはいけません。怒られるということ自体がすでにストレスなのに、さらに人前で叱られた場合、緊張はさらに高まり、ストレスはより一層ふくれ上がります。それが原因で寝つきが悪くなり、翌朝に疲れを持ち越し、ど

んどん体調が崩れていくという健康被害を招きかねません。
部下の心と体の健康を守ることは、上司としての義務です。「言い方」に気をつけさえすれば、それはいくらでも適えられるのです。

「怒る」と「叱る」を混同しない

たとえば、ミスが起きた時に「何でミスしたんだ！」と部下を怒鳴っただけで、叱ったつもりになってはいませんか？　しかし、それは単に事実をとがめているだけで、「叱る」とは別物です。叱るというのは、具体的に反省点を指摘して、的を絞って反省できるように促すことです。

ミスが起きた時は、まず、**どうしてそんな結果になってしまったのか一緒に考えてあげてください**。そして、ダメな点を具体的に指摘するのです。そうすると相手はポイントを絞って悩むことができるので、無駄な時間をかけずに深く省みることができます。

また、ともに考える姿勢を見せることで、「この人は、自分の責任として考えてくれている」と、相手の信頼を勝ち取ることができます。その気持ちが、「一緒にがんばろう」というモチベーションにつながるのです。

元気がなさそうな人に、「調子はどうだい？」など、こまめに声をかけることも大切です。元気があるかないかは、だいたい、帰り際の背中を見るとわかります。猫背になっていたり、足取りが重かったり、「お疲れ様でした」の声が小さかったりしたら要注意です。そういう人はたいてい、日ごろの言い方もネガティブになっているはずです。常に部下に気を配り、正しい言い方で励まし、チームのパフォーマンスを高めましょう。

成長する人は、「はっきり」か「無口」

私はスポーツドクターとして、多くのトップアスリートと接してきましたが、「この人は成長するな」と思う人は、次の2つのタイプに分かれます。

①物事をはっきり口にする人
②何も言わずに、じっと耐える人

どちらのタイプにも共通して言えるのは、**何かを言われた時、ひと言目に「了解しました」と言うこと**です。

しかし、そこからの対応は異なります。①のタイプであれば、「そして、この部分についてなんですけど」と、自分の意見を述べます。自分の意見を口にはしますが、相手を否定するような言い方をするわけではなく、相手に逃げ道も与えるような言い方をします。

②のタイプは、ひと言「了解しました」と言った後は、ひたむきに実行します。教えられたことを素直に受け止めることができるので、着実に成長します。

中途半端は、一番ダメです。こちらが意見を言った後に、「でも」と最初に言われると、言った側はガクッとなってしまいます。一気に、進言する気が失せてしまいますし、相手にとっては、成長するヒントを得る機会を逸することになります。

私は、「了解」という言葉は、とてもいい言葉だと思います。人によっては、目上の人間には使うべきではないという意見もありますが、言葉の意味としては前向きであり、気持ちよく物事を引き受ける代表格の言葉です。何かを言われたら、**まず「了解です」と答えることが、人間関係をスムーズに運ぶ秘訣**だと思います。

「了解です」で、迷いを吹っ切る

「了解です」という言い方は、非常に便利です。

内心、乗り気ではなくても、相手には快く引き受けている印象を与えることができるので、心のうちが見透かされません。そして、「了解です」と言うことによって、自分自身の迷いも吹っ切ることができるのです。

たとえば、気乗りしない飲み会に誘われた時、あなたは何と返していますか？

「大変嬉しいんですけど」などは言いがちですが、残念ながらわざとらしさを隠せません。また、「今日は予定がありまして」と言った場合は、「じゃあいつにする？」と言われかねませんし、ウソをついている罪悪感に襲われます。

私自身も、さまざまな職業の方とお付き合いがあるため、いろいろなお誘いを受けます。先日、とある方とお話ししていた際、あまり好きではないミュージシャンの話題になりました。「先生、お好きですか？」と聞かれたので、「そうですねえ」と曖昧《あいまい》な言い方をしたところ、なんとその方が、そのミュージシャンのコンサートチケットを取ってくださったのです。「しまった〜」と思い、どうしたものかとしばらく迷いましたが、これはもう行かざるをえません。

ここから得た教訓としては、**曖昧な言い方で結論を先延ばしにする時間は、実に不毛だ**ということです。うじうじ迷っていると、その間ずっと自律神経のバランスが乱れて血流が悪化します。そんなことのせいで、自分の日々のパフォーマンスを低下させるのは大損です。ですから、行くか行かないか迷ったら、

「了解、参加します」

このひと言がベストです。

「了解です」と受け入れることによって、迷いを断ち切れるので、自律神経のバランスを保つことができますし、あまり行きたくない場所というのは、今まで接点が少ない場所でもあるので、行ってみれば意外と楽しめるものです。

もし、行くメリットが何ひとつない場合は、曖昧な言い方をしたり、返事を先延ばしにしたりせず、お断りの意思をはっきり伝えましょう。

行く、行かない、いずれにせよ、迷う時間は血流を悪くし、パフォーマンスを低下させ、健康まで阻害します。**余計な時間をかけずに決断することが、あなたの健康とパフォーマンスを守ることにつながります。**

トラブルは「安心させる言い方」で相談する

取引先や上司への言い方は、とりわけ気を遣うものです。特に、トラブルが発生した時は注意が必要です。緊急事態の発生によって、報告する立場であるあなたの自律神経はすでに乱れています。したがって、「早く上司の判断を仰がなくては」と、気持ちが先走りやすくなります。しかし、重要なのは「トラブルを上司に相談する目的は、正しい判断を下してもらうこと」であると、肝に銘じることです。決して「一刻も早く判断を下してもらうこと」ではないのです。

私の秘書は、仕事が的確でとても優秀です。しかし、何かトラブルが発生した時、彼は私に次のような言い方をします。

「ちょっと問題が起きまして」

決して悪い言い方ではありません。忙しくて時間がない私の立場を気遣って、相談の意図を端的に示しているのだと思います。しかし、上司という立場の人間には、常にいろいろなことが舞いこんできます。つまり、対応に追われるため交感神経が過剰に優位になりやすい状態です。そんな人間に対して「ちょっと問題が起きまして」と、いきなり言うのは、突然カウンターパンチをくらわせるようなものであり、相手は聞いた瞬間、ガクッときてしまいます。そうすると、話の内容を聞く前から不安が高まってしまい、冷静な判断ができなくなります。上司にトラブルの相談をするのは、的確な判断を下してもらうのが目的です。しかし、話をする前から相手に緊張を強いてしまっては、それは望めません。「緊急事態だから早く決断しなければ」と、答えを出すのは早まるかもしれませんが、それが正しい判断かどうかはクエスチョンマークがつきます。したがって、私が部下の立場だったら次のような言い方をします。

「大丈夫だとは思うんですけど、ちょっとこのへんだけは注意しておいたほうがいいかもしれません」

一見まわりくどいようですが、過度に上司を追いこまないことが重要なのです。**話し始めはなるべく不安を与えないようにして、相手の心の準備ができたところで、問題を提示する**のです。そうすることによって、上司は自律神経のバランスを乱すことなく、的確に判断できるようになります。できる部下というのは、上司が安心して話を聞ける状況をお膳立てできるものなのです。

CHAPTER6

交渉の場を有利にする「言い方」

急ぎの仕事ほどゆっくり丁寧に。
お願いごとは200%説明する。
きっぱりNOと言う。
言い訳せず潔く謝る。
無理強いをしない。

口火を切ったほうが負ける

交渉は、自律神経のバランスが乱れた者同士の闘いです。そこには、要求を通したいという我欲、自分をよく見せたいというエゴなど、人間の煩悩が渦巻いています。根底に強い欲望がある以上、どんなに冷静を装っても自律神経は乱れてしまいます。

当然ながら、交渉は自律神経のバランスが整っているほうが有利です。なぜなら、自律神経のバランスが整っていれば、相手の出方に応じた立ち回りや、琴線にふれるような言い方をして、一瞬で劣勢を逆転することもできるからです。しかし、交渉の開始直後は互いに自律神経が乱れています。そこで重要なのが、どちらが先に乱れた自律神経を立て直すか、ということです。

方法はいたって簡単。**相手に先に話をさせればいい**のです。相手は話をすることによって興奮し、さらに交感神経が高まって自分で自分を乱します。いっぽう、あなたは黙って話を聞いている間に自律神経が整いだし、どのポイントで話を切り出せばよいかが見えてきます。

交渉ごとはタイミングが命です。状況を的確に見極め、ここぞという時に**一瞬で勝利**

をつかむ言い方をするためにも、まずは黙るが勝ち。相手に先に話をさせて、交渉を有利に進めましょう。

「1回目に3割達成」を目指す

契約を取れるか取れないかという交渉ごとにおいて、粘るのはけっこうですが、相手にも予算というものがあります。したがって、契約が難しそうな相手に対して交渉を続けるのは無意味だと思います。無駄な交渉は、お互いの時間と労力を奪うだけです。

そこで大切なのが、きっぱり諦めるためのボーダーラインを決めておくということです。「3回やってダメだったら諦める」、私はこれがベストだと思います。

また、1回目の交渉にどこまでの成果を求めるのか、あらかじめ計算しておくことも大切です。たとえば、1回目の交渉で「次回は条件提示までさせてもらえるようにしよう」と、3割まで話を詰めると決めておくのです。交渉で失敗する原因のひとつに、最初から深入りしすぎるということがありますが、最初に3割しか求めないと決めておけばそんな失敗を防げます。

ずるずるせずに、時間に区切りをつけることが大事です。切り上げる時の言い方は、

「貴重なお時間なので、今日はここまでにしておきます」

がいいでしょう。**相手のことを考えた発言をすることで、気持ちよく次回の交渉につなげることができます。**

交渉の勝負は3回。1回目で3割、2回目で7割、そして3回目で10割。これが黄金のルールです。

急ぎの仕事は、バタバタ感を出すと失敗する

たとえば大至急、部下に仕上げてほしい仕事が発生した場合、どのように依頼をしますか？　相手にお願いを聞き入れてもらうというのも、立派な交渉のひとつです。

「ヤバい、これ急ぎだから悪いけどソッコーお願い！」なんて言い方は、ついついやってしまいがちですが、あまりおすすめできません。

実は、お願いする側が急いでいる素振りを見せたらおしまいなのです。その瞬間、その仕事はほぼ失敗に終わるといってもよいでしょう。

「バタバタして見せたほうが、急いでいるのが伝わる」と思われるかもしれませんが、それはまったくの逆効果です。突然慌てた様子でお願いされても、相手にもやることがたくさんあります。ですから、「え、何をやればいいの？」とすぐに整理ができず、パニックになってしまいます。

急ぎの仕事を正確にやり遂げるには、自律神経のバランスが整っている必要があります。ですから、こういう時こそ、あえてゆっくりお願いをするのです。

「いやぁ、申し訳ない。これね、2時間なんだよ。できるかなぁ、どうかなぁ。でも、ちょっとがんばってみてくれるかな」

こう言うと、相手は意外とできてしまうものです。**急ぎの仕事ほど、ゆっくり丁寧な言い方でお願いする**ことが、結局物事を早く進めるコツなのです。

お願いごとは、200％説明する

相手にお願いをする際に踏まえておかないといけないのは、**「相手はこちらの意図の**

60%くらいしか理解しない」ということです。100%理解している自分の感覚で説明するため、どうしても説明が簡略になってしまい、相手に充分伝わらなくなってしまうのです。

私は、研究室のメンバーに資料をまとめてもらうことが多いのですが、「章ごとにホチキスで留めておいて」と言っても、ホチキスを留める位置が左右でバラバラだったり、ページがずれていたり、まともに仕上がっていないことが多々ありました。その時は、正直、「なんだよ、使えないな〜」と思うこともありました。

しかし、それでは物事は機能しなくなります。**「相手が理解しない」**ではなく、**「相手に理解してもらうことに失敗した」**のだと思い直し、それからは200%説明するようにしました。先ほどの例で言えば、実際に自分がホチキスを留めて見せ、「これを、こうして、こうなるようにしてほしい」ということをしつこいくらい説明するようにしたのです。さすがに200%説明すれば、相手も充分理解できるので、望んだ結果を返してくれます。

説明する時に時間はかかりますが、やり直してもらったりする時間を省けると思えば、結局このほうが時間を短縮できます。また、無駄に怒る必要もなくなるので、自分と相手の自律神経のバランスを保つこともできます。

NOが言えない自分に打ち勝つ

それでは、あなたが逆に「お願い」をされたけれども、さまざまな事情によって引き受けられない時、どのような言い方をしていますか？　心の中ではNOが確定なのに、「それはちょっと〜、厳しいかもしれません……」なんて曖昧な言い方をしていませんか？　でも、相手が押しの強いタイプの場合、「そこをなんとか！　今度おごるから！」なんて、さらにグイグイ迫ってくるはずです。これではらちが明きません。自分の中でNOが揺るぎないのならば、いっそのこと、こう言ってしまいましょう。

「申し訳ありませんが、私には１００％できません」

かなり、思い切った言い方です。しかし、断るということは、すなわち１００％できないということです。どういう言い方で断ろうが、断った時点で「１００％できない」と言っているのと同じなのです。

日本人には曖昧さをよしとする傾向がありますが、もしかしたら相手はそこにつけこんでいるのかもしれません。あなたがいつも曖昧な言い方をするから、押せばなんとかなると思って粘っているのです。言ってみれば、「NO」ときっぱり断れないあなたの弱さを利用しようとしているのです。そんな相手に対して、ここまできっぱりNOと言ったら、間違いなく一瞬で空気が変わるでしょう。周囲のあなたを見る目も変わり、人生も変わっていくはずです。

「100%」と言い切ることに抵抗があるかもしれませんが、きっぱり断らないと同じ場面の繰り返しになってしまいます。それに、引っ張るだけ引っ張られて結局NOと言われるほうが、お願いする側からすると腹が立ちませんか？「予算に限りがあるので、残念ながらできません」「今日は大事な予定があるため、残業はできません」「医者に止められているので、飲み会には行けません」など、「100%」という言葉を使わないにしても、**NOならNOの姿勢をきちんと示す**。それが、無駄なストレスを軽減し、お互いの自律神経のバランスを整える秘訣です。

言い訳せずに潔く謝る

「100%」といえば、自分に非がある場合にも利用できることがあります。たとえば、上司に頼まれた企画書を期日までに用意できない時。さぁ、どうしましょう。
「今やっていますが、もうちょっとで、最高のものができそうなんです！」と、ウソをつくのもアリだとは思います。でも、そう言われたほうは、「仕方がないな」と許しつつも、「またウソをつきやがって」と思っているのではないでしょうか。きちんと取り組んでいれば遅れないわけですし、怠慢で遅れているのは明らかだからです。
もし私が上司の立場だったら、こういう言い方をされると、意外とスッキリします。

「すみません、本当に自分の怠慢で間に合わないんです。申し訳ありませんが、もう少しお時間をいただけませんか？」

言い訳をせずに、自分が100%悪いと認める。そうすれば、突っこみどころがないので、「わかった、がんばれよ」としか言えません。非を認めるにしても「100%」が大切なのです。潔い人は、好かれます。悪い時は悪いと認め、NOと言う時はNOと言う。しかも、自分や周りにウソをつく必要がないので、ストレスが減り、血流がよくなり、脳や体のパフォーマンスが高まります。人生の歯車がうまく回りだし、好循環が始まるはずです。

「よく考えてくださいね」で相手の健康を守る

お店に買い物に来たお客さんに商品を買ってもらいたい時も、言い方がカギになります。

私がうまいと思う接客は、買い手にメリットを感じさせてくれるものです。ネクタイを買いに行っただけなのに、シャツやスーツ、靴下なども並べて、「こういう組み合わせもあるんですよ」とか、「こういう色にこういう柄を合わせるといいですよ」とか、いろいろな提案をしてくれると、これを買うことによって自分が変われそうな気がして、買いたい気持ちが高まります。そして、実際購入するかどうかは、この後の相手の言い方にかかっています。もし、「これは最後のひとつなんですよ」なんて、こちらを焦《じ》らすような言い方をしてきたら、その瞬間に興ざめして我に返ってしまうでしょう。しかし、もしこんな言い方をされたら、思わず買ってしまうと思います。

「ひとつくらいは持っていてもいいと思いますよ。でも、よく考えてくださいね」

「よく考えてくださいね」という言い方は、なかなかの威力を発揮します。決して無理強いすることなく、相手をちょっと突き離す言い方です。客は自分に主導権があることを望むので、買いたい欲求を刺激された後に選択権を委《ゆだ》ねられたら、欲求に素直に従うものです。

私自身、手術が必要な患者さんに対して説明を行う際は、最後に「よく考えてください」と言うことが多いです。医師として手術が必要だと判断し、ベストな術法をご説明しているわけですが、メスを入れられるのは患者さんご自身です。大切なことだからよく考えていただきたいと心から思っているので、**決して無理強いすることはありません。**ただ、私としてはご説明した方法がベストだと思っています。よく考えていただければ、ご納得いただけると信じていますし、実際、「よく考えてください」と言うと、みなさん最終的には、手術を承諾なさいます。

商売は両者がハッピーになって初めて、本物の商売と言えるのではないでしょうか。お金をいただくということは、相手にそれだけのハッピーを提供するということです。その責任を認識し、自分の職にプライドを持って取り組んでいれば、交渉を有利にする言い方が、どんどん見つかると思います。

診察する時の「交渉」テクニック

交渉は、なにもビジネスシーンに限ったことではありません。診察室で患者さんと向き合うことも立派な交渉のひとつです。

この、診察室での交渉において私が勝ち取るべきものは、患者さんの容体を上手に聞き出し、最適な治療法を示すことです。しかし、それがなかなか適わない相手がいます。それは子どもです。

子どもの場合、診察室に入った時点で、泣きだすことも少なくありません。病院で診察を受けるという経験自体が少ないので、恐怖心が人一倍強いからです。したがって、子どもに対する言い方には、非常に気を遣います。

たとえば聴診器をあてる時に、「検査するよ」と言うと、ほぼ100%泣きだします。

しかし、次の言い方をすると、きょとんとした表情でおとなしく座っていてくれます。

「ポンポンするよ」

子どもは邪念がない分、言い方で反応が大きく変わります。これは、ご家庭内でも同様です。お父さんやお母さんの言い方によって、同じことを伝えるにしても、お子さんの反応は大きく異なるでしょう。ご両親には、お子さんをどんな大人にしたいかという理想があると思います。それを叶《かな》えるためにも、やはり「言い方」が重要なのです。

緊急時を乗り切る「言い方」

交通事故や心臓発作など、一刻を争う状態で運びこまれてくる救急外来では、さまざまなトラブルが発生します。最も多いのは、患者さんのご家族と医療スタッフの間で起きるトラブルです。

たとえば処置をする際に、

「これから処置をするので、ご家族は出ていってください」

と言った場合、ご家族はなかなかその場を離れようとせず、カーテンの脇に立って居残ろうとします。

通常の外来の診察であれば、このような言い方でも素直に聞き入れていただけます。自分がその場にいることで、スムーズに処置が進まないことを理解しているからです。

しかし、救急外来となると、そうはいきません。なぜなら、大切な人の生死を分ける場面に身を置くことで、ご家族の自律神経は大いに乱れているからです。交感神経が過剰に優位になっているため、冷静な判断をすることができず、少しでも患者さんの傍《そば》にいようとしてしまいます。自律神経のバランスが極度に乱れた人に対しては、いつもの言い方は通用しないのです。ですから、このような場合は**いつも以上にゆっくり、丁寧にお願いをする**必要があります。

「大変ご心配だとは思いますが、処置をさせていただくので、あちらでお待ちいただけますか？」

すると、こちらの落ち着いた言い方によって、ご家族の自律神経の乱れも修復され、「処置をするためには、自分が出ていかなくてはいけない」ということを理解していただけるようになります。

同じ言い方をしても、「場面」によって、まったく違う言い方に聞こえてしまうのです。本当に、「言い方」は奥が深いと感じます。

CHAPTER7

健康で長生きできる「言い方」

医師の「言い方」ひとつで、
患者さんは食欲がなくなったり、
便秘になったり、
ノイローゼになったり、
健康被害が生じる。

ひどい「言い方」には免疫はできない

私たちは幼少時代から、あらゆる「言い方」をされてきています。

「隣のA君はしっかり者なのに、あなたはどうして、おっちょこちょいなの」

「ごめんなさい、あなたのことは友達にしか思えない」

「誠に遺憾ながら、今回は採用を見送らせていただきます」

「なんであんなミスしたんだよ！ ありえないだろ」

など、自分を否定されるような言い方は、枚挙にいとまがありません。

しかし、初めて言われた時はものすごくショックだったのに、2回目に言われた時は、それほどショックを受けなかったという経験はないでしょうか。

年齢を重ねるにつれて、私たちはいろいろな経験を積み、そういった「言い方」に対しても免疫ができているかのように思えます。しかし**実は、免疫などまったくできてはいない**のです。本当は、初めて言われた時と同じくらいショックを受け、ストレスを感じているのです。それなのに、自分では「慣れっこだから大丈夫」などと受け流そうとして、そのストレスに正しく反応できていません。そして、それが徐々に蓄積し、体の不調につながっていくのです。

「言い方」で、自分と相手の健康を守る

健康で長生きするためには、どういう「言い方」をすればいいのでしょうか？

そもそも、「健康」とはどのような状態を指すのでしょうか？

私が考える「健康」とは、「良質な血液を体のすみずみまで送り届けること」です。細胞一つひとつまで質のいい血液が行きわたれば、すべての臓器が正常に機能するので、体調が非常によくなります。特に肝臓の機能は格段に高まり、体の中からエネルギーがわいてきて疲れにくくなります。

さらに、肝臓と血液は肌や髪の美しさとリンクしているので、くすみのない血色のいい肌や、ふさふさでコシのある髪が手に入ります。体に余分な脂肪や水分がたまりにくくなることによって、太りにくくなるメリットもあります。また、脳も臓器のひとつなので、頭の働きがよくなり、仕事のパフォーマンスも高まります。

つまり、良質な血液を体のすみずみまで送り届けることは、健康に、若々しく、聡明に長生きする秘訣なのです。

そして、それを適えるカギになるのが、「自律神経のバランスを整える」ことなので
す。

すでにご説明しているように、「言い方」によって、自律神経のバランスはよくも悪くもなります。言った本人はもちろん、言われた側の自律神経も影響を受けます。したがって、**自分はもちろん大切な人の健康を守るためには、食事や生活習慣に気を配るのはもちろん、自律神経のバランスを整えるような言い方をすることが重要**なのです。

がんに立ち向かう力をつける、告知の仕方

私が、外科医として心がけているのは、患者さんが健康をいち早く取り戻し、新しい人生を踏み出せるような「言い方」をするということです。

たとえばがんの告知をする際、

「これはがんです。あと3か月の命です」

もしこう言った場合、患者さんはどうなると思いますか？　病気そのものよりも、あと3か月で命が尽きるというストレスから自律神経のバランスを崩し、病気に打ちのめされてしまうことでしょう。「自分はもうすぐ死んでしまうんだ」と、思い悩めば悩む

ほど、自律神経のバランスは乱れ、免疫力までもが落ちていってしまいます。

しかし、がんになってしまった以上、いくら思い悩んでもその事実は変えられません。がんに立ち向かうためには、自律神経のバランスを整え、少しでも免疫力を上げることが大切です。ですから私は、がんの告知をする際、こういう言い方をしています。


「悪性に近いがんです。がんなんだけれども、がんにはいろいろながんがあります。悪くなることもあるし、よくなることもある。がんというのは、最後まで、どんなことが起こるかわかりません」


前者の言い方も、後者の言い方も、どちらも「あなたはがんです」と伝えていることに変わりはありません。しかし、患者さんの治療に向かう気持ちは、大きく変わってくることでしょう。絶望の淵《ふち》に立たされるのか、それとも希望に向かっていくのか。

実際、がんというのは、最後まで本当にどうなるのかわからないものなのです。余命何か月という診断は、これまでの統計で得られた数字にすぎません。その人にとっては、初めてのがんであり、可能性は未知数なのです。

医師の言い方ひとつで、患者さんは食欲がなくなったり、便秘になったり、ノイローゼになったり、健康被害が生じてしまう。この事実を、私は医師として非常に重く受け止めています。**「健康被害は言い方から」と言っても、過言ではありません。**

禁煙外来で「タバコはやめなくてもいい」と言う

私は禁煙外来も担当しているのですが、はっきり言って、タバコは百害あって一利なしです。タバコの煙には4000種類以上もの化学物質が含まれており、そのうち発がん物質は約60種類にもなります。タバコを吸うと、肺がんのリスクが高まるのはもちろん、血流が悪くなるので、全身の細胞に酸素と栄養を供給できなくなります。その結果、血管は老化して肌や髪が傷んで老けて見えるほか、動脈硬化や脳卒中、心筋梗塞など、さまざまな病気のリスクが高まります。

これほど害が多いにもかかわらず、やめたくてもやめられない方は非常に多く、禁煙外来を受診する方もあとを絶ちません。

そんな患者さんに、私はこう言います。

「タバコはやめなくてもいいですよ。その代わり、検診だけはしっかり受けてくださいね」

　そうすると、ほとんどの患者さんは、やめなくてもいいと言われた嬉しさと、でも本当にそれでいいのかと不安に思う気持ちが入り混じったような複雑な表情をします。禁煙することが目的の「禁煙外来」で、「禁煙しなくていい」と言われたのですから、当然かもしれません。

　タバコをやめられない患者さんは、やめたくてもやめられないストレスと日々闘っています。ですから、「やめなくてもいい」とタガを外されたことでストレスがなくなり、意外とすんなりやめられることも多いのです。

　とはいえ、この言い方は、医師である私が言うからこそインパクトが大きいものであり、効果を得られるのかもしれません。もし、読者であるあなたがタバコをやめられない方に言うと、「ラッキー！　これで思う存分吸える」と思われる危険性もあります。

そこで、別の言い方もご紹介したいと思います。

「病気になったら、困る人が多いよ」

病気になったら困るというのは事実ですし、「早く禁煙しなよ！」と責められているわけでもないので、相手は素直に受け止めることができます。さらに、禁煙するかどうかという決断は、相手に委ねているのもポイントです。どうすることが正しいかわかっていても人からそれを促されると、反抗したくなる気持ちは誰にでもあると思います。「早く宿題しなさい！」と言われて、「今やろうと思ってたのに！　もうやる気がなくなった」と言う子どもの心理と同じです。このように、**相手を変に追い詰めず、客観的に省みられるような言い方をしてあげると、相手は自分の健康に気を配れるようになる**と思います。

そして、もしたとえタバコをやめられないとしても、相手をプレッシャーから解放し、自律神経のバランスを整えることで得られる健康上のメリットは、大きいでしょう。

長年の便秘が治った、便秘外来での「言い方」

相手をプレッシャーから解放するという意味では、こんな出来事がありました。

ある日、便秘外来を訪れた患者さんが、「便は出るんだけど、おなかの張りがとれなくて辛い」と、しきりに訴えてきました。

そこで、私はこう言いました。

「おなかが張っていても、便が出ていればよしとしましょうよ。毎日出なくてもいいですからね」

すると、その患者さんが次に訪れた際、こう言ったのです。

「先生が、便が出ていれば大丈夫とおっしゃったので、そんなもんかと、急に気が楽になって。そうしたら、自然とおなかも張らなくなってきたんです」

この患者さんは、おなかの張りに長い間悩まされ、辛くてたまらないと、ずっとおなかの張りを憎んでいました。腸は、副交感神経が優位な時に活発に働くのですが、この方の場合は、ネガティブな感情によって交感神経が優位になり、腸の働きを阻害していたのです。

しかし、「おなかの張りを治さなくてはいけない」というプレッシャーから解放されたことで、副交感神経が高まり、自律神経のバランスが整って、おなかの張りという症状が薄れていったのです。

「言い方」で相手をプレッシャーから解放してあげることが、自律神経を整えて、健康を引き寄せる近道なのです。

食欲がない時は「食べたくなったら言って」

たとえば、大切な相手に食欲がない時。どんな言い方で励ましますか？

「食べないとダメだよ」

この言い方は、自律神経的には、典型的なNG例です。

なぜなら、相手もそんなことは充分わかっているからです。わかっているけれど、胃腸の調子が悪かったり、心が沈んだりしていて、食べたくても食べられないのです。そんな相手に対してこのような言い方を投げかけるのは、まったく空気が読めていません。相手にしてみたら、「そんなことはわかってる！」と、イライラがふくらみ、さらに食欲を減らしてしまうことでしょう。ですから、こういう時は次のような言い方がベストです。

「食べたくなったら言って」

相手を、「食べなくてはいけない」というプレッシャーから解放してあげるのです。そうすることで、相手は気持ちにゆとりが生まれ、自律神経のバランスが整い、少しずつ食欲も回復してきます。

大切なのは、相手を言葉で追い詰めないことです。あなたの言い方次第で、相手の体調はもとより、人生さえも幸せに導いてあげることができるのです。

CHAPTER 8

仲が深まる「言い方」

「ありがとう」「ごめんね」
コミュニケーションを図る
究極の言葉。

反面教師となった母の「言い方」

私は一人っ子で、両親は小学校の教員でした。両親の仕事中はよその家庭に預けられていたので、「よその子」として周りを気にし、常に気を配っていました。人の「言い方」や自分の「言い方」にも敏感でした。思えば、このような子ども時代の環境が、「言い方」を意識する原点になっているのかもしれません。

そして我が家では、誕生日、母の日、クリスマスなどのイベントもいっさい行われませんでした。誕生日にケーキを囲んでお祝いをしてもらったこともありませんし、「おめでとう」と言ってもらったことすらありません。何かを買ってもらえるのは、誕生日ではなく、成績がよかった時なのです。

本当に、大変な時代でした。「それくらい努力しないと、医者になんてなれないのでは？」と思われるかもしれませんが、きっと、誕生日パーティを開いたり、サンタさんを信じてワクワクしたり、テストで100点をとったら褒めてもらったり、楽しい子ども時代を過ごした医師もたくさんいると思うのです。でも、私にはそういう思い出はありません。親との会話があまりない子ども時代を過ごしたからこそ、なんてことない言葉でもそのひと言が相手に与える影響力がわかります。

幼少時代、親とどのように関わるかは、子どもの性格や人生に多大なる影響を及ぼします。あなたにお子さんがいる場合、**あなたの言い方ひとつで、お子さんの心、健康状態、ひいては人生まで変わってきてしまう**のです。したがって、この章では、大切な家族との仲を一瞬で深め、素晴らしい人生を切り拓いていく「言い方」について、お話ししていきたいと思います。

「早くしなさい」と言ってはいけない

ある調査によると、一日の中で、親が子どもに最も多く言う言葉は、「早くしなさい」だそうです。

着替えに時間がかかったり、靴ひもを上手に結べなかったりして、よくないとは思いつつも、つい「早く、早く」と急《せ》かしてしまう気持ちはよくわかります。しかし、急かされている子どものほうは、言われなくても充分あせっているのです。しかし、おそらく自律神経のバランスが乱れているせいで、自分の力を発揮できず、まごまごしてしまうのです。そんな状態の中、「早く、早く」と言われたら、余計もたついて当然です。

それではなぜ、子どもの自律神経は乱れてしまっているのでしょうか。

実は、親の自律神経の乱れが伝染している可能性が高いと言えます。

外来で、「原因はわからないけど、子どもの調子が悪い」と言って子どもを連れてくるお父さんやお母さんがいます。しかしよく見ると、ご両親のほうがお子さんより不安そうで、動揺し、バタバタしているのです。そういう場合、たいてい**ご両親の自律神経が乱れていて、お子さんに伝染している**のです。ですから、私がご両親に対して、不安を和らげるような言い方をするだけで、子どもの具合もよくなってしまうことがよくあります。

イギリスでは、子どもに「Hurry up !=急いで」とも言いますが、同時に「**Take your time=自分のペースを大事にね**」「**Don't rush =慌てないでゆっくり**」と言うことが多いです。急ぐように伝えはしますが、でも、**自分のペースも大切にと付け足すこと**で、焦って乱れてしまった子どもの自律神経のバランスを整えているのです。

「早く、早く」と急かしてばかりいては、子どもの能力を引き出せません。つい口から急かす言葉が出そうになったら、自分自身がまずはひと呼吸して、自律神経のバランスを整えましょう。

「子どもを怒鳴りたくないのは山々だけど、毎日忙しくて、つい怒鳴ってしまう」という方も多いことでしょう。

毎晩遅くまで仕事をがんばって、やっと帰宅したら、子どもは宿題もせずにテレビを見ている。おもちゃも出しっぱなし。注意をしても「後でやる」と言ってテレビに夢中……。くたくたな状態で、そんな光景を目《ま》の当たりにしたら、思わず怒鳴ってしまうこともあると思います。仕事から帰ってきた直後は、まだ交感神経が優位な状態にあり、ちょっとしたことでイライラしやすくなっているので、当然かもしれません。しかし、心に留めておいていただきたいのは、**「子どもを叱る時は、副交感神経で叱る」**ということです。

「イラッとして、叱る」という行為は、交感神経が優位な状態で起きています。血管が収縮し、脳や体に充分な量の血液がめぐらないため、頭がカーッとして、時には手が出る事態に陥ってしまうのです。

しかし、低下している副交感神経を意識的に高め、自律神経のバランスを整えれば、

「副交感神経で叱る」ことができます。「副交感神経で叱る」というのは、子どもの思いを察し、受け止めながら、穏やかな言い方で子どもの気持ちに寄りそうということです。

いきなり「ダメ」と言うのではなく、なぜ宿題をしないといけないのか？　なぜおもちゃを散らかしていてはダメなのか？　なぜ大事なことを後回しにしてはいけないのか？　**金切り声を上げずに、静かにゆっくり、問いかけなくてはいけません。**たとえば、こんな言い方です。

「悪かったことを言ってごらん」

いきなりガツンと言われると、頭の中がぐるぐる混乱して、自分で考えるという本筋を失ってしまい、謝りたくなくなってしまいます。そして、それが苦しみになってくると、次第に人のせいにするようになります。でも、変な怒られ方をしなければ、子どもは誰でも素直に謝れます。謝ったら、そこで終わりにして必要以上に責めないようにしましょう。子どもは謝ることでイヤな空気を変えようとしているのです。受け入れてあげてください。

子どもは親をよく見ています。親がイライラしていると、子どももキレやすい性格になってしまいます。ですから、親子関係を良好にするためには、親の副交感神経を高め、自律神経のバランスを整えることが大切なのです。

なぜ悪いのか、一緒に考える

部下を叱る場合と、子どもを叱る場合とでは、前提として大きな違いがひとつあります。それは、「大人はミスを自覚しているが、子どもは、それを悪いことだとわかっていない」ということです。

大人の場合は、「やってしまった！」と自分の失敗を自覚し、周りが何も言わなくても、すでに自分で反省していることがほとんどです。

しかし、子どもの場合、悪いことをしてしまっても、自分が悪いことをしたとわかっていないケースが存在します。「お店の物を勝手にとっちゃダメ」とか、当たり前のことは、子どもでも一度教えればわかります。しかし、世の中の絶対的ルールにはあてはまらない、細かなケースも存在します。そんな時は、きちんと教えてあげなくてはいけません。

たとえばこんな場合。

子どもの誕生日に、お友達を招待してパーティを開きました。お友達の一人が、クレヨンをくれました。しかし、それはすでに持っている物でした。なので、子どもはつい、「これ、持ってる！」と言ってしまいました。すると、クレヨンをくれたお友達は、それを聞いた瞬間、悲しそうな顔になってしまいました。

大人であれば、このケースの問題点がわかります。

たとえすでに持っている物であっても、選んでくれた相手の気持ちに感謝して、「ありがとう」と言うべきなのです。しかし、このように周りの状況を把握して、適切な言い方をすることは、経験が少ない子どもにはなかなか難しいことです。

ですから、こうしたケースはその都度教えていくしかありません。**大人を叱る場合に比べて、3倍の時間をかけるつもりで、丁寧に教えてあげてください。**

「今日は楽しかったね。でも、ひとつだけ失敗しちゃったことがあるんだけど、なんだかわかる？」と、まずは本人に聞きます。そして、「パパだったらイヤな気持ちがすると思うよ。きみだったらどう？」と、自分だったらどうかというのを考えさせてください。

いきなり怒鳴るのは、もちろんよくありません。それでは、怒られたということに動揺し、交感神経が高まって、言葉が右から左へ抜けていってしまいます。

あくまでも「一緒に考える」というスタンスで、穏やかな言い方をすれば、子ども自身、その出来事をきちんと省みることができるようになります。こうした積み重ねが、状況判断力を養い、配慮ができるスマートな人間を育てるのです。

結果より努力を褒める

子どもに、テストで100点をとってもらいたいというのは、親なら誰でも願うことだと思います。でも、もし100点をとれないとしても、怒らずに次のような言い方をしてあげてください。

「今日は60点でもいい。明日65点になればいいんだよ」

60点をとってしまい、てっきり怒られると思っていた子どもにしてみれば、驚くべき言い方だと思います。怒られる恐怖で沈んでいた心が、一瞬で晴れていくことでしょう。この瞬間、子どもは話を聞く準備が整います。怒声を聞き入れないように透明の耳栓をはめているような状態から、スポッと耳栓が抜け、怒られない理由を知りたい気持ちになっています。ですから、この後、どうして今日は60点でもいいのか。その代わり、**明日、どうなればいいのかを丁寧に教えてあげてください**。たった5点であろうと、前回よりも点数が上がったら、それは自分が成長している証《あかし》です。大切なのは、少しずつでも努力をすることであり、そうすれば結果もついてくると伝えてあげるのです。

こうして、結果ではなく努力を褒めるようにすると、子どもはどんどんやる気が出てきます。「お父さん、お母さんは、ぼくががんばっているのをわかってくれている」と思うことで自律神経のバランスが安定し、テスト本番でも、落ち着いて問題を解くことができます。100点をとれる日も、遠くはないことでしょう。

いっぽう、「どうしてこんな問題もわからないんだ！」などと責める言い方をした場合、子どもは追い詰められてしまいます。「次も点数が低かったらどうしよう」「また怒られそうで怖い」など、ネガティブな感情がふくれ上がり、自律神経のバランスが乱れます。すると、どんなに長い時間机に向かっても集中できず、勉強がはかどりません。さらに、テストで緊張してしまい、本来の実力を発揮できない「本番に弱い子」になってしまったり、最悪、カンニングをしたりするような子どもになってしまいます。

子どもの、「がんばる気持ち」を育てられるかどうかは、親の「言い方」にかかっているのです。

「勉強しなさい」と言っても無駄

いくら少しずつ成長すればいいと言っても、まったく勉強をしなければ成長のしようがありません。でも、勉強をしない子どもに対して、「勉強しなさい」と言っても無駄です。まずは、なぜ子どもが勉強をしたがらないのかを考えなくてはいけません。

「勉強が嫌いなのか？」「嫌いなのだとしたら、なぜ嫌いだと思うのか？」「勉強よりも友達と遊んでいたいのか？」など、理由は子どもによって千差万別だと思います。

この答えを見つけるためには、やはり「言い方」が重要です。

勉強をしない理由を責めるような言い方をしてはいけません。幼少時は、自分の感情を説明づけられるほど論理的ではないので、いくら責めても子どもから答えは得られません。**子どもが自分の心と向き合えるように質問を投げかけ、少しずつ答えを手繰り寄せていく**のです。そうすれば、子どもなりの答えや目標が見つかり、勉強に正面から向き合えるはずです。

他人とではなく、自分自身と競わせる

勉強に正面から向き合わせるための、さらなるヒントは他人とではなく自分自身と競わせるということです。もし、「お隣のA君は100点だったらしいよ」というように、他人と比較することで向上心をあおろうとしていたら、今すぐやめてください。他人と比較されると、子どもは自尊心を深く傷つけられて、自分の存在意義を見出《みいだ》せなくなってしまいます。

そうはいっても、「負けて悔しいとか、競争心をあおるからこそ、子どもは伸びるのでは？」と思われる方もいることでしょう。競争心をあおること自体は否定しません。ただし、**比較する相手は他人ではなく、過去・現在・未来の自分自身であるべき**なのです。「昨日のテストでは70点だったけど、今日は75点をとれた。だから明日は80点を目標にしよう」というように、自分自身と競い合えばよいのです。

他人と比較することは、医学的観点からも決して推奨できません。なぜなら、他人と比較された場合、まず、自分自身を劣った人間だと思ってしまいます。そして、自分より勝っている相手を妬みます。「あの子がいなければ、ぼくが一番になれたのに」と、

物事の責任を他人に押し付け、心の中にはどろどろとした感情が渦巻き、自律神経が乱れ、その結果、かぜを引きやすくなったり、おなかが痛くなったり、体調まで崩してしまいます。

もしもお子さんが、「おなかが痛いから学校を休みたい」と言いだしたら黄色信号です。そして病院で「特に悪いところはないですね」と言われたら、むしろ、かなり危険な状態だと思ってください。

つまり、**原因が特定できない不定愁訴は、ほとんど、自律神経の乱れが原因**だからです。お子さんは過度のプレッシャーを感じ、心と体がSOSを発しているのです。今すぐ、お子さんに対する日ごろの言い方を、振り返ってみてください。

浅田選手を立ち直らせたコーチの言葉

家族の話からは少しそれますが、一流のアスリートは、「本当の競争相手は自分自身である」ということをよくわかっています。

たとえば浅田真央選手は、ソチオリンピックで金メダルを期待されながら、ショートプログラムですべてのジャンプをミスしてしまい、まさかの16位という出だしとなりました。しかし、翌日のフリーの演技では6種類すべての3回転ジャンプを成功させ、自己ベストをマーク。最終的には、見事6位に入賞しました。

たったひと晩で気持ちを切り替え、本来の実力を発揮できた理由は、なんなのでしょうか？　私は、真央さんの、「戦うべき相手は自分自身」という姿勢と、佐藤信夫コーチが彼女をリンクへ送り出す際の「言い方」が素晴らしかったからだと思います。

真央さんは、「バンクーバーオリンピックでは跳べなかったジャンプを必ず決めて、4年前の自分の演技にリベンジをしたい」という思いでリンクに臨んだそうです。過去の自分と競っていたのです。これがもし、「キム・ヨナ選手に勝ちたい」という、他人と自分との比較だったら、あのような素晴らしい演技は難しかったことでしょう。

それに加えて、佐藤コーチのあの言葉。

「何かあったら先生が助けに行くから」

このひと言には、ふたりの深い信頼関係が凝縮されているように思います。変に鼓舞するわけでもなく、緊張の糸をゆるめすぎるわけでもない。**相手を信じる気持ちと、自分自身もできる限りサポートするという強い決意**が感じられる、見事な言い方です。

だからこそ、彼女は4年前の自分に勝利し、昨日の自分に打ち勝ち、結果的にキム・ヨナ選手に順位では敵いませんでしたが、日本中を感動させることができたのだと思います。

本当に優れた指導者は、最後の最後の言い方でも、相手の自律神経を安定させ、最高のパフォーマンスを引き出すことができるのだと、改めて実感させられる出来事でした。

夫婦仲を深める「ありがとう」「ごめんね」

最近、私の心に最も響いた言葉は、「ありがとう」です。

実は先日、後輩の医師が亡くなりました。その最期の時、彼が娘さんと奥さんに残した言葉が、この言葉だったそうです。

「本当、ありがとね」

アメリカで育った彼は、ともにラグビーをしていた学生時代も、「ありがとう」という言葉をよく使っていました。ですから、この話を聞いた時は、「彼らしいな」と胸が熱くなりました。

もちろん、「ありがとう」はよい言葉だとは思っていましたが、「ありがとう」の重みを改めて感じたのです。同時に、夫婦や家族の絆も感じました。

夫婦という関係は、実に不思議です。一生をともにしたいと思うほど大切だから結婚したのに、いつのまにか、赤の他人よりも気を遣わなくなり、ないがしろにしてしまうケースが多々あります。

しかし、家にいる間はすべて時間をともにしているとすると、夫婦は莫大な時間を共有することになります。たとえば30歳で結婚し、平日は12時間家にいて、年間120日の休みがあり、休みの日は24時間一緒に過ごした場合。80歳まで生きたとしたら、合計29万1000時間も一緒にいることになるのです。**パートナーは、自律神経のバランスを保つうえで、最大のキーパーソンといって間違いありません。**

とはいえ、身近な夫婦だからこそ、けんかやトラブルが起きることもあります。ずっと仲よく、波風ひとつ立たない生活を送るのはほぼ不可能でしょう。しかし、簡単な方法で、自分はもちろんパートナーの自律神経のバランスを整え、居心地のよい家庭を手に入れる方法があります。それは、次の2つの言葉を意識して使うことです。


「ありがとう」

「ごめんね」

感謝と謝罪。コミュニケーションを図る究極の言葉です。

たとえばテレビを見ている時、奥さんから「洗いものの手伝ってよ！」と言われるのと、「ごめんね、時間がある時に洗っておいてくれる？」と言われるのとでは、言われた側の気持ちは、ずいぶん違うはずです。私が後者の言い方をされたら、「しょうがないなぁ～」と思いながらも、すぐにテレビを見るのをやめて洗いものをするでしょう。

また、言う側にとっても、「ありがとう」「ごめんね」は魔法の言葉です。一番最初にこれらの言葉をつけることによって、次に続く言葉が自然と穏やかになるからです。先ほどの洗いものの例で言うと、最初に「ごめんね」をつけた場合、「ごめんね、洗いもの手伝ってよ！」とはなかなか言えません。「ごめんね」とまず相手を尊重することで、自ずと穏やかな言い方になるので、自分自身の自律神経のバランスを乱さずに済みます。そのうえ、相手に快く聞き入れられ、夫婦円満に過ごすことができるという素晴らしい効果があるのです。

私自身は、留学していたこともあり、「Thank you」をよく使っています。もしくは、谷村新司さん風に「ありがとぅ～」と言うこともあります。言い方は十人十色だとしても、感謝と謝罪の気持ちを伝えることは、夫婦仲を深めるためには欠かせません。「ありがとう」も「ごめんね」も、いくら言ってもタダです。いいこと尽くめの言葉を口にしないのは、大損です。

夫婦でタブーの「言い方」

弁護士の先生から、「離婚する夫婦は、言ってはいけないひと言を言っている」という話を聞いたことがあります。どんなひと言かというと、「存在が迷惑」とか、「結婚しないほうがよかった」などです。相手を全否定するような言い方をしたら、関係を修復できなくなるのは当然かもしれません。

夫婦円満の状態を保つためには、「ありがとう」「ごめんね」を意識して使うことが大切ですが、取り返しのつかない言い方をしないためにも、日ごろから言い方の練習をしておくとよいと思います。

たとえば、夫婦が長年連れ添うと、徐々に服装にも気を遣わなくなってきます。おしゃれをしてデートしていたころが懐かしくて、ついこんな言い方をしてしまっていませんか？

「ほんと、おばさんくさいな～」

これでは、相手はカチンときて売り言葉に買い言葉になってしまいます。当然、相手が服装を改善するには至りませんし、お互いの血流が悪くなるだけでなんの得もありません。ですから、もしパートナーに身ぎれいにしてほしい時は、こういう言い方がベストです。

「これ、似合うんじゃないの？」

褒められたような気がして、おしゃれをしたくなると思います。同じことを伝えるにしても、相手の心を動かせるかどうかは言い方にかかっています。**日常の「言い方」の積み重ねが、夫婦円満な関係を築く秘訣**です。

CHAPTER9

メールで潤滑にゆく「言い方」

メールでは、
会話以上に真意を伝える
工夫をしないと、
相手に誤解を与える。

メールは言葉以上に人を乱す

自律神経を乱すのは、「会話」だけではありません。メールも同等の威力を持って、相手の自律神経を激しく乱します。

むしろ、会話と比較した場合、

・突然届く
・形に残る
・抑揚がないため、相手の真意を推し量りにくい

という特性があるため、会話以上に脅威かもしれません。会話は、キャッチボールがあって発生し、生まれた瞬間消えていきます。言葉に感情が乗るので、字面以外のニュアンスも読み取ることができます。しかし、メールは違います。メールは文字ではなく、単なる電子の集合体です。気軽に送れる分、予想外の相手から突然届くことも多いですし、乱される要素がたくさんあります。

ある調査によると、「過去1年間で、ビジネスメールを受け取って不快に感じたことはありますか？」という問いに対して、約半数が不快に感じたことがあると回答しています。不快に感じる内容としては、「文章が失礼」「文章が曖昧」「文章が冷たい」などが上位を占めており、メール文化が整備されていない実態が表れていると思います。私自身も、メールを利用することが多いですが、

「今晩よろしくお願いします」

と書いてあるのと、

「先生、今晩よろしくお願いします」

と書いてあるのとでは、受ける印象が違います。

前者の場合は事務的ですが、後者の場合は、「先生」というたった2文字のおかげで、どこか含みがあります。言ってみれば、こちらが都合のよいように解釈する余地が生まれています。

メールは、字面でしか伝えたいことを表現できません。したがって、**会話以上に真意を伝える工夫をしないと、相手に誤解を与えてしまいます。**言い方を考えるうえでは、「メールでの言い方」も非常に大切なのです。

メールは相手の時間を奪っている

私自身が不快に感じるメールは、形式ばっていて、用件に入るまでの前置きが長いものです。当然ですが、メールを読んでいる間に、時間は経過していきます。面と向かって打ち合わせをする場合は相手の時間をもらっているという意識が働くのに、メールだと、それが欠けてしまうのかもしれません。読んでもらうということは、相手の時間を奪うことだと認識しておかなくてはいけません。

ですから、**私はなるべく端的に内容を記すようにしています**。でも、ここで気をつけなくてはいけないのは、先ほどお話ししたように、メールは電子の集合体だということです。あまり淡白な内容だと、「怒っているのかな？」と相手を不安にさせてしまい、余計なストレスを与えかねません。

そこで便利なのが、絵文字です。ひよこがピヨピヨ動いていたら、悪いメールじゃないのは一目瞭然です。「ビジネスに絵文字は使えない」と思われるかもしれませんが、仕事をするうえで大切なのは、個々が最大限の能力を出しきって、目標を達成することです。ですから、上司や目上の方にはそれなりのフォーマットが必要ですが、少なくとも**同じチームの仲間うちでは、絵文字を使う価値は大いにある**と思います。

怒っている時ほど絵文字を使う

私は、実は怒っている時ほど絵文字を使うようにしています。

たとえばこんな感じです。


「反省しろよ (#゚Д゚)ノ」


怒っている言葉の後ろに、さらに怒りを表す絵文字を入れるのです。

こうすると、怒っていることは伝わりますが、本気で怒っているとは思われないので、受け取った相手は気持ちが楽になります。

絵文字を使うことに抵抗がある場合は、語尾を少し変えるだけでも構いません。

たとえば、部下に頼んだ企画書がなかなか上がってこない時。

「企画書、どうなっていますか?」ではなく、「企画書、進めてヨ!」という具合です。

これも、絵文字同様こちらが本気で怒っているとは思われませんが、伝えたいことは伝えることができます。

初めのうちは少し気恥ずかしいかもしれません。でも、そのメールを送る目的をしっかり意識すれば、そんなことは気にならなくなります。そのメールを送る目的とは、「相手の心を動かし、行動に移させて、結果を出す」です。だとすれば、**形式ばった言い方で相手に不快感やあせり、緊張を強いて、パフォーマンスを低下させるのは不毛で**す。

どうすれば相手に気持ちよく仕事をしてもらえるか、どうすれば相手の自律神経のバランスを整えられるのかということを今一度考えてみてください。

感謝の気持ちは、しつこいくらい形に残す

感謝の気持ちを伝える時も、メールは有効です。「本当に本当に本当にありがとうございました！」などと書いてあると、喜んでくれている気持ちが伝わってきて、何度も読み返してしまいます。感謝の気持ちを表されるのは、誰にとっても嬉しいことです。**消えてしまう言葉より、メールで形に残すほうがおすすめ**です。

反対に謝罪をする場合は、ふだんはメールでやりとりしている相手でも、電話をした

ほうがいいと思います。その場で反応がわかりますし、いざ話してみると、心配していたほど相手が怒っていないこともあります。いっぽう、メールで謝罪をすると、相手がすでに読んだかどうかもわかりませんし、返事がいつ届くかもわかりません。待っている間は、蛇の生殺し状態で、非常にストレスがかかります。つまり、自律神経のバランスが乱れます。したがって、ちょっと勇気はいりますが、**思い切って電話で謝罪するほうが自分のため**です。

感謝するにせよ、謝罪するにせよ、メールは形に残るということを忘れないことが大切です。形に残るということは、相手はいつでもそれを見られるということです。相手が目にした時に、どんな気持ちになるのか？　それを踏まえて、ツールは使いこなさなくてはいけません。ちなみに、**私は不快なメールが届いたら、すぐに削除**してしまいます。乱された自律神経を立て直したいからです。無理にとっておく必要はありません。ポチッと削除して、気持ちを切り替えましょう。

文字を丁寧に書くと「言い方」も変わってくる

メールではありませんが、職場では付箋を使ってコミュニケーションをとることも多いと思います。電話の伝言を付箋で机に残したり、お願いごとと一緒に「よろしく！」と記しておいたり、文字を書く機会は意外と多いものです。

なにかと忙しいので、つい、なぐり書きになってしまうこともあると思いますが、そんな時こそ、丁寧な字で書くように意識してみてください。乱雑な文字は、余裕がなくて心が乱れているという証です。書いた本人はもとより、受け取った相手にも慌ただしさが伝わり、自律神経を乱してしまいます。

私がイギリスで出会った医師たちも、カルテに何かを記入する時、誰が見てもひと目でわかるような丁寧な字で書いていました。そうすることで、落ち着きを取り戻しているのです。**文字を丁寧に書けば、確実に自律神経は安定します**。そうすれば、「言い方」も変わっていきます。たかがメモと思わずに、自分の心と向き合うつもりで、文字を記してみてください。

CHAPTER10

人生を豊かにする「言い方」

人生に迷っている人を励ます
「あせることないよ」。

言葉の選び方で、人生は豊かになる

仕事は憂鬱なものだと思っている人がいるかもしれませんが、私はそうは思いません。本当の仕事というのは、決して憂鬱ではなく楽しいものだと思います。

人生をどのように色づけるかも、すべて「言い方」にかかっています。「仕事は憂鬱なもの」という言い方を受け入れれば、それが真実になりますし、「本当の仕事は、楽しいもの」という言い方を受け入れれば、それが真実になります。

たとえば、「雑用」という言葉。

雑にするから雑用になるのであり、その目の前の**仕事を「雑用」にしてしまっているのは、言葉を発している人**なのです。

「これは面倒な雑用だけど、やっといてくれる」

「この仕事は今回のカギになる。だから君に任せたい」

この2つを比較した場合、前者と後者では、言われた側の取り組み方は大きく変わってくるでしょう。

前者の場合は、「何でおれがやらなきゃいけないんだ」と思い、面倒くさい気持ちが渦巻いて血流が悪くなり、仕事はなかなかはかどりません。

いっぽう後者の場合は、「よし、がんばろう！」と、やる気が満ちてきて、血流がよくなり、冴えた頭と体でスピーディに対処できるはずです。

目の前の仕事に価値をつけられるかどうかも、すべて言い方次第なのです。

励まされた言葉「Take it easy!」

私は仕事大好き人間で、自律神経の研究を始める前は、「どんなに体調が悪くても休まない」というルールを自分に課していました。

体調が優れなくても朝の7時には病院に入り、深夜0時過ぎまで働くことが常でした。私用で休みをとったことはありませんし、夏休みもありません。しかし、そんな生活を続けていたところ、30歳を境に体力の衰えを感じるようになったのです。

それまでは少し睡眠をとれば疲れをリセットできていたのに、なかなか疲れが取れず、頭痛や不整脈に悩まされるようになりました。年中かぜを引いていて、精神的にも余裕がなく、常にイライラしていました。

自律神経の研究を重ねた今は、それが単なる疲れではなく、自律神経の乱れが原因だったんだとはっきりわかりますが、当時は、ただ単に疲れているだけだと思っていました。

私が初めてロンドンに留学して臨床医師として働き始めた時も、最初は言葉のハンデもあり、自律神経のバランスは最悪だったと思います。そんな時、同僚がこう言いました。

「Take it easy!＝気楽にいこう」

そう言ってもらった瞬間、自分の中でピーンと張り詰めていたものがゆるみ、それまでのガムシャラながんばりとは違う、穏やかなエネルギーがわいてきたのです。あのひと言がなければ、もしかしたら私はつぶれてしまっていたかもしれません。私の人生を後押ししてくれた、大切な言葉です。

ガムシャラながんばりは、所詮長続きしません。心と体が壊れてしまうからです。人生を豊かにするためには、穏やかに、でも確実にエネルギーを蓄え、一日一日チャージしていくことが大切です。

ひとり言で自分をコントロール

言い方には、「相手が感じるもの」のほかに、「自分が感じるもの」という側面があります。何かを言った瞬間、相手が何かを感じると同時に、自分自身も自分のその言い方によって影響を受けているのです。

たとえば、満員電車で足を踏まれた場合。

「バカ野郎!」

と言うのと、

「ちょっと痛かったなぁ」

と言うのでは、自分に与える影響が変わってきます。

前者の場合、怒りをあらわにしたことでイライラがあふれ出し、自律神経のバランスが乱れます。いっぽう後者は、痛かったという事実をただ口にしている、ひとり言のようなものです。痛かったという思いを抑えつけるわけではないけれど、相手にくってかかるわけでもありません。ストレスをほどよく解放し、自分自身をコントロールできるのです。

時にはこんなふうに、**ひとり言をつぶやいて、ストレスを受け流すことも大切**です。

そうすれば、人生はより豊かなものになっていくでしょう。

人生に迷った人を励ます「あせることないよ」

人間は、選択肢が多いほど、かえって何もできなくなる生き物です。

ラグビーの試合で車いす生活になってしまった雪下先生は、「どうしてそんなにがんばれるのか？」という私の問いに対して、こう言いました。

「がんばるもなにも、自分にはこれしか選択肢がありませんでしたから」

彼には、ああしたい、こうしたいという選択肢はなく、「自分にできることをがんばる」という道しかなかったのです。

今の世の中は情報があふれているので、本当に自分に必要なものを見極めるのが難しくなっています。婚活にしてもひと昔前はお見合いが主流でしたが、現在は婚活サイトやSNSを通じた出会いなど出会い方が増えすぎて、かえってたった一人を見つけ出すのが難しくなっている気がします。

そんな、情報過多によって人生を迷っている人に声をかけるとしたら、こういう言い方がよいと思います。

「あせることないよ」

あせらずにじっくり取り組めば、きっと答えは見えてきます。WHOが発表した2014年版「世界保健統計」によると、日本女性の平均寿命は87歳で世界一。男性は80歳で8位です。人生90年も夢ではありません。早く答えを見つけ出そうとせず、自分の人生を一歩一歩進んでいけばいいのです。

CHAPTER11

「聞き方」上手になって人生を変える

不愉快な言葉は
笑いを交えて聞き流す。
理不尽な叱責は
「了解です」で受け流す。

口撃に負けない防御法＝「聞き方」を身につける

ここまでは、「言い方」についてご説明してきました。言い方は自律神経と密接につながっているので、言い方によって自律神経は整うし、反対に自律神経を整えれば、一瞬で空気を変える言い方もできるようになります。

しかし、言い方には、あなたが発するものだけではなく、他人から浴びせられるものもあります。したがって、この章では他人の「言い方」をどのように受け止めればいいのかということについて、お話ししたいと思います。口撃に負けない防御法、つまり「聞き方」についてです。

たとえば、

「お前は仕事が遅い。でも正確だ」

「お前の仕事は正確だ。でも遅い」

この2つの言い方をされた場合、前者はあなたを褒めていますが、後者は、決して褒めているとは言えません。どちらも同じことを伝えているのに、語句の並べ方によって、要旨が変わってきてしまうのです。

後者の言い方をされた場合は、悪いほう悪いほうに解釈して、自分で自分の自律神経のバランスを乱してしまうかもしれません。

したがって、発言する側が、言い方に気をつけるのはもちろんですが、聞き手側も、不快な思いをしないために防御法を学んでおく必要があります。**ネガティブな言い方を上手に受け流し、ストレスから身を守るためには、「聞き方」上手になる**必要があるのです。

「聞き方」上手になれば、何を言われてもくよくよしない

自分の「言い方」はコントロールできますが、残念ながら他人の「言い方」はコントロールできません。つまり、自分自身がいくら「言い方」に気をつけて、自律神経のバランスを保とうと努力していても、他人から不愉快な言い方をされた場合、一瞬にして自律神経のバランスが乱れてしまうのです。しかもそれは、不意をつかれることも多く、事前に防ぐことは難しいでしょう。

しかし、諦めることはありません。相手からの口撃を防ぐことはできませんが、言わ

れた際の捉え方、「聞き方」によって、自律神経のバランスを保つことは可能です。

つまり、「聞き方」上手になればよいのです。

たとえば上司から、

「お前、やっとできたのか。おせーよ!」

と言われた場合。

「はぁ、自分はどうしてこんなに仕事が遅いんだろう」

と捉えるのではなく、

「遅いけど、できたんだ」

こう解釈すればいいのです。**ネガティブな内容の中に、ポジティブな要素を見つけ出し、勝手によい方向に受け止めてしまう**のです。

結局、**他人は変えられません。しかし、自分は変えられます。**

何かを言われて乱された時に、どう受け止めて、どう返し、そして自分の乱れた心をいち早くどうやって元に戻すのか。それを学ばなくてはいけません。

「聞き方」上手になれば受け止め方が身につくので、くよくよしなくなり、自律神経のバランスを保つことができます。それは、きっとあなたの人生を変えてくれることでしょう。

不愉快な言葉は笑いを交えて流す

相手のネガティブな言い方をポジティブに解釈するのは、なかなか難しいことです。ケチョンケチョンに言われて、ポジティブな要素など皆無ということもあると思います。そういう場合は、受け流す必要も出てきます。

ある有名なミュージシャンに、こんなエピソードがあるそうです。

コンサートの最中、不愉快なヤジが飛ばされました。すると、そのミュージシャンはこう言ったそうです。

「構わないほうがいいよ。あいつ、明日会社で、オレと話したとか言うんだぜ」

会場は大爆笑で、その日はそれ以上ヤジが飛ばなかったそうです。

相手をまったく相手にしないと同時に、**笑いに変えることで、一瞬漂った不穏な空気を一瞬で断ち切ることに成功**しています。そうすることで、自分自身の自律神経のバランスを保ち、高いパフォーマンスを発揮しているのです。

これぞ、見事な「聞き方」上手です。

普通であればヤジに対して腹を立て、衝動的に言い返してしまい、場内の空気を険悪にしてしまうことでしょう。しかし、そこをぐっとこらえ、一枚上手《うわて》の対応をしています。こう返されたら、言った側はぐうの音も出ないでしょう。

手をパッと開いて、「聞き方」上手になる

ミュージシャンという特殊な職業の方は、もともと自律神経のバランスが非常によいのだと思います。歌という天職を全うされているわけですから、ある意味当然かもしれません。したがって、特に意識しなくても、「聞き方」上手になれているのだと思います。

しかし、世の中の全員が天職を見つけられるわけではありません。組織というしがらみの中で、自律神経のバランスを乱されながら、懸命に働いている方がほとんどです。ですが、そのような環境でも、ちょっとしたコツを押さえれば、誰でも「聞き方」上手に変身できるのです。

たとえば会社で、理不尽な理由で怒られた時。上司Aから指示されたことを実行したら、上司Bに怒られる……なんてことも、組織の中ではよくあることです。しかしだからといって、あからさまに上司Aの責任だと言うわけにもいきません。非常にフラスト

レーションがたまる瞬間です。

そんな時、人は無意識のうちに手をグーにして握りしめています。特に、手を握りしめた時、親指を中に入れて強く握ると、副交感神経が下がり、緊張が高まってしまいます。野球のバッティングやゴルフでも、親指に力を入れてバットやクラブを握ると、思い通りに振れません。緊張が高まり、全身の筋肉をうまく使えなくなってしまうからです。手を強く握ると副交感神経が下がることは、計測でも明らかになっている事実です。

ですから、誰かに何かを言われて怒りのあまり手を強く握りしめていたら、パッと開いてみてください。そうすれば、副交感神経が低下するのを抑え、怒りをコントロールできる「聞き方」上手に変身できます。

怒りを自覚すると、50％は収まる

イラッとした時に、自分自身が「怒りそうだな」というのを自覚することも、聞き方上手になる有効な手段です。何かを言われてイラッとした瞬間に、「あぁ、自分はイラッとして、このままだと怒ってしまうな」と客観視するのです。

人間の怒りというのは不思議なもので、自分で怒りを自覚できた瞬間、50％は収まってしまいます。腹が立った瞬間、交感神経がぐっと優位になりますが、**自分の怒りを客観視できると副交感神経が高まってきます**。そしてさらに深呼吸をし、10数えれば、副交感神経がより一層高まるので、冷静に状況を判断できるようになります。

残りの50%のイライラ、怒りを消すためには、裏ワザとして、**その場を外す、というのもいいと思います**。言葉を発するとスイッチが入ってしまう危険性があります。とにかく言葉を発さなくていい状況に持っていくのです。「ちょっとすみません……」とひと言残して、その場を外して、貝になるのです。

理不尽な叱責は「了解です」で受け流す

相手の叱責がひと通り終わり、リアクションを求められた時、どういう言い方をするのがベストでしょうか。私なら、このひと言で受け流します。

「**了解です**」

第5章でも「了解です」の素晴らしさについて触れましたが、**「了解です」は受け流**

す際にも便利です。大切なのは相手と同じ土俵に立たず、まずはその場を収めることです。具体的にどう対処するかは、怒りをさらに鎮め、血流がよくなり、冷静な判断ができるようになってからゆっくり考えればいいのです。

「聞き方」に失敗して、その場で怒りにまかせて言いたいことを言ってしまったら、もう取り返しはつきません。相手の言い方によって乱され、そして「聞き方」によってさらに自分自身を乱してしまうのは、非常にもったいないことです。

CHAPTER12

人生で役に立つ自分への「言い方」

目を閉じて5分間。
他人の言葉が入ってこない空間で、
自分と対話する。

自分で自分に話しかける

　ここまでは、他人に対する「言い方」や、他人への「聞き方」についてお話ししてきました。しかし、実は**最も大切にするべきものは、自分への「言い方」**です。自分で自分に話しかけるのです。

　自分との対話は他人を介在しないので、どう進めるかはすべてあなた次第です。ミスをした時、ある人は「なんでオレはこんなこともできないんだろう」と問いかけるかもしれませんし、またある人は「あそこを怠ったのが問題だったな。よし、次はどうしたらミスを防げるだろうか？」と自分に問うかもしれません。そしてまたある人は、そんなことを自問自答する余裕もなく、時を過ごしていることでしょう。おそらく、ほとんどの方は自分に質問などしていないのではないでしょうか。ミスを検証するにしても、自分対自分は常にダイレクトなので、いちいち自分に質問などせず、感覚的に答えを導き出すのがクセになっていると思います。

　しかし私は、自分に対する「言い方」を常に実践してほしいと思っています。ひとり言のような短いものではなく、**もう一人の自分がいて、話しかけるイメージ**です。何かなたで、実際に口に出して対話をしてほしいのです（図9）。

ポイントは、**心の中でやりとりするのではなく、口に出して話をする**ということです。なぜなら、脳内で対話をすると、感情がそのまま行き来するだけなので、いわゆる〝早口〟になってしまいます。すでに何度もお話ししているように、話す時は「ゆっくり」がポイントです。自分と対話する際も、口に出して話をすることで自ずとゆっくりになりますし、自分の言葉が耳から入ってくることで、内容を客観視できるようになります。

なぜ私が、このように「自分への言い方」を重視するかというと、やはり死の淵に立たされた患者さんを多く見てきているからだと思います。

がんの告知をされたら、誰もが落ち込みます。「なんで自分がこんな目に」と、やりきれない気持ちになることでしょう。しかし、そこで終わらせず、自分対自分の対話を続けてほしいのです。そうすれば、次のような言い方ができるようになるかもしれません。

図9　自分に話しかける

目を閉じて5分間対話する

自分A「最悪の結果だよね。なんでがんなんかに、なっちゃったんだろう」
自分B「でも、国民の半分はがんで死ぬんだよな？」
自分A「確かにそうだね。こんな気持ちを味わうのは、オレだけじゃないのか」
自分B「そうだよ。考えようによっては、早期に見つかってラッキーだったんじゃない？」
自分A「神様が、まだ生きるチャンスをくれたのかもしれない。贅沢を言っていたらダメだよね」
自分B「泣いて過ごすより、今できることを考えて立ち向かったほうがいいよ」
自分A「がんを克服したら、生かされていると思って、周りの人に感謝して生きていこう」

命の危機にさらされた人が、このような言い方で自分に話しかけるのは一朝一夕にできることではありません。しかし、自分に話しかけることを毎日少しずつでも続けて、対話を重ねていくうちに、きっと前を向いて残りの人生を歩める答えが見えてきます。

生命という限りあるものを扱う職業である私には、時間の大切さを教えられる機会が多々あります。命にも、時間にも限りがあります。二度と取り戻せない、貴重なものです。だからこそ、漠然と捉えていた命の期限を、具体的に意識せざるをえなくなった時、自分で自分に話しかけてほしいのです。人生の集大成とも言える、貴重な時間を過ごすことになるかもしれない大切な分岐点です。**自分としっかり対話をして、一秒一秒を大切に過ごしていただきたい**と心から願っています。

他人の叱責をそのまま自分に問いかけない

仕事で大きなミスをした時はまず対応に追われますし、自分と対話している余裕はほとんどないと思います。周りからも責められるので、投げかけられたその言葉を「自分から自分への言い方」と勘違いすることもあります。しかし、「お前、この仕事向いてないんじゃないの？」と言われたからといって、それをそのまま自分に投げかける必要はありません。なぜなら、それはあくまでも他人からの「言い方」であり、自分への「言い方」とは異なるからです。

仕事に失敗した時は、そんな他人からの言い方に惑わされず、次のような言い方を自分にしてみてください。

自分A「一生懸命、本当にやったのかな？」
自分B「もしかしたら、どこか甘かったのかもしれない」
自分A「慣れている仕事だから、気がゆるんでいたんじゃないかな？」
自分B「それが結果に出てしまったのかもしれないな。反省しないといけない」
自分A「確かに反省は必要だけど、失敗したことはもう取り返しがつかないよ……」
自分B「そんなにウジウジするなよ。失敗したのはもう仕方がないんだから、大切なのはこれから先だ。どうやって取り組んでいくかを考えようよ」

ミスをした直後は余裕がないのはわかりますが、**たった5分間で構いません。他人の言葉が入ってこない空間で、自分と対話をしてください。**そうすれば、徐々に自律神経のバランスが整ってくるので、ミスを引きずらずに巻き返しを図れます。

人間関係に悩んだら「残念な人」と俯瞰《ふかん》で見る

生きている以上、人間に悩みはつきものです。そのなかでも多くを占めるのが、人間関係の悩みでしょう。

子どものころや学生時代は、仲のよいメンバーとだけ付き合っていられましたが、社会人になるとそうはいきません。苦手な相手がいても、社内や取引先の人間であれば簡単には関係を絶てません。

そんな時、やはり役に立つのが、自分への「言い方」なのです。

他人は変えられませんから、あなた自身が、**相手に対するイメージを修正したり、心構えを変えたりすることで状況を好転させる**のです。

自分A「あの人、イヤなところが多いけど、いいところもあるのかな？」
自分B「いやいや、ないでしょ。あんな最低な人間は見たことないぞ」
自分A「確かにイヤなヤツだけど、仕事はできるんだよな……」
自分B「まぁね。あと3回ガマンして、それでもイヤだったら、転職するのもありかもね」
自分A「そうだね。もう少しガマンするとして、それまでは〝残念な人〟と思ってやり過ごしておこう」

こんなやりとりを自分自身で行うことで、あなたは冷静さを取り戻すことができます。

けんかっ早い相手だとしても、同じ土俵に上がらず、やり過ごせるようになるのです。

悩みを書き出している人も多いと思いますが、私は、口に出して対話するほうがよいと思います。なぜなら文字は形に残るので、後で見返した時に不愉快な思いがよみがえってしまうからです。しかし自分対自分の対話なら、吐き出した瞬間消えていきます。サウナでたっぷり汗をかいた時のように、スッキリしますよ。

誰かを憎む気持ちも、自分への「言い方」で消えていく

人間関係の悩みがもっと深いゾーンに入ると、誰かを憎むという感情が芽生えてきます。しかし、相手を憎んで過ごす時間は、もったいないとしか言いようがありません。人生は一度きりであり、時間は今この瞬間も刻々と過ぎています。手のひらにすくった砂が少しずつこぼれ落ちていくように、私たちに与えられた時間も失われているのです。そう考えると、誰かを憎んだ時の自分への「言い方」は、次のようなものになるのではないでしょうか。

自分A「あいつのことは、絶対に許せない」

自分B「そう考えているオレの顔を鏡で見てみなよ。あいつみたいに醜い顔になっているよ」
自分A「だけど、この気持ちを止められない」
自分B「あいつのせいで醜くなるなんて、さらに被害が増えるだけだよ。オレの人生がもったいないよ」
自分A「これ以上、かき乱されるのはごめんだ。憎んでも自分が損をするだけか」
自分B「あいつはどうせバチがあたるんだから、放っておこうよ」

丁寧に、丁寧に、対話してください。

心の奥に刻まれた感情は、なかなか消せません。しかし、**対話を重ねることで、徐々に小さくなっていく**はずです。

心の傷は、手術の傷跡に似ています。メスで刻まれた傷口は、縫合することで徐々に皮膚同士がくっついて、やがて一枚の皮膚に戻ります。**対話は、手術でいうところの縫合のようなもの。**最初は人工的な処置ですが、人間が本来持っている自然治癒力が働いて、徐々に傷が目立たなくなります。強い憎しみを抱えている場合、自分対自分の対話でさえも、ジクジクとした痛みが伴うかもしれません。しかし、結局はそれが傷口を癒す近道になるのです。

1か月に一度の「やりたいことリスト」で、生きる目標を見つける

私は現在54歳なのですが、最近、第二の人生について考えることがあります。

昔は、学会で海外に行くのも楽しかったですし、「次はあそこに行きたい」「あんなこともしてみたい」など、何も考えなくても楽しみや目標が目の前にぶらさがっていました。しかし、ここ数年は違います。海外に行くのも億劫《おっくう》に感じますし、これから先どうやって生きていこうかと、ぼんやり考えてしまうのです。

読者の方の中にも、今の私のように目標を見失っている方がいるかもしれません。会社である程度経験を積み、部下ができ、家庭も持ち、現状に満足はしているんだけれど、なんだか物足りない気もする。

さて、そんな時、自分を見つめ直すためにはどうすればいいのでしょうか？

私が実践しているのは、**「今、自分がやらなくちゃいけないと思っているのに、後回しにしていることは何だろう？」と、自分に問いかけること**です。

私の場合は、「子どものころに遊んだ場所を巡りたい」「通った学校を訪れたい」など、過去を振り返るものが多いです。死ぬ時に、後悔したくないという思いが強いからだと思います。私が後悔しないために欠かせない条件は、「きちんと感謝する」ということです。そのためには、過去の歩みを確認することが重要だと思っています。そういう行動を通して初めて、お世話になった方や感謝をしなくてはいけない人が見えてくるからです。

人間は、明日も、今日と同じような一日を迎えられると思っています。だから、一日一日の重みが減り、「時間をつぶす」というような、時間の貴重さを意識しない言い回しが生まれてしまうのです。しかし、人生はいつ何が起こるかわかりません。事故、災害、病気、あらゆるリスクと対峙しています。ですから、**「今を生きる」という意識を持つことは、とても大切です**。そのためには、自分に問いかけること。これが重要です。私は自分への問いかけを1か月に一度のペースで行い、内容を見直しながら順番に実行していくようにしています。私のやりたいことリストの中には「プロ野球のヘッドコーチになりたい」というものもあります。それくらい自由に思いつくまま、やりたいことを書き出せばいいのです。

大切な人を亡くしたら、対話を重ねて送り出す

高校生のころ、私の母が亡くなった時、周りの方々から多くの励ましの言葉をいただきました。もちろん気持ちはありがたいのですが、正直に言うと、その時は「そんなこと言われても、何にもならないよ」という気持ちが大きかったです。それほど、大切な人を失うというのは大きな出来事であり、最終的には自分で乗り越えるしかありません。

しかし、思えば母を送り出す時も、私は自分への「言い方」を無意識に行っていたのです。

自分A「なんだか、あっという間だったね」
自分B「でも、楽しい時期もあったよね」
自分A「そうだね、あの時は楽しかったよね」
自分B「あっけない気もするけど、ここまで生きてこられたんだしね」
自分A「きっと、あちらの世界でも楽しく過ごしているよね」

このような、自分への問いかけとも、母への問いかけとも区別がつかないようなやりとりを、延々と行いました。そうして、少しずつ少しずつ、自分の心を落ち着かせていったのです。辛い気持ちは、なかなか癒えるものではありません。しかし、**自分との対話を繰り返すことで、少しずつではありますが、現実を受け入れられるようになります。**

CHAPTER13

空気を変え、素晴らしい人生を手に入れる「言い方」をするための8つの習慣

朝起きたら感謝する
「ありがとう」を言葉に出す
空を見る
あいさつは、ゆっくり元気に
こまめに水を飲む

ため息をつく
1か所だけ片づける
就寝前に日記を書く

空気を変え、素晴らしい人生を手に入れる「言い方」をするためには、余裕が必要

余裕がある時、すなわち自律神経のバランスが整っている時は、誰でもいい言い方ができます。しかし、問題は「余裕がない時」です。そのような状態においても正しい言い方をするためには、日々の過ごし方がカギになります。日ごろから、自律神経のバランスを整える習慣を取り入れておくのです。そうすれば、たとえ激しく動揺するような究極の場面に直面しても、言い方で失敗することはありません。

たとえば、仕事中に1本の電話がかかってきて、こんなことを告げられたとします。

「先日の検査の結果が出ました。残念ながら、がんです」

その瞬間、空間は何も変わっていないのに、あなたの心はもちろん、もしかしたら細胞の一つひとつまで様変わりしてしまうかもしれません。その空間において、あなたという個体だけが、一瞬でまったくの別物にチェンジしてしまうのです。

そんな究極の状態で、あなたはどんな言い方ができるでしょうか？ おそらく極度に動揺して仕事どころではなくなり、しどろもどろになるか、「うるさいな！ 後にして

くれ！」など、周りが目に入らない言い方をしてしまうと思います。「そんな一大事においては、言い方なんてどうでもいい」と思うかもしれません。しかし、この本が目指している究極のゴールは、そのように自律神経のバランスが極度に乱される局面においても、正しい言い方ができるようになることなのです。そうすれば、あなたに怖いものはありません。いつ上司に雷を落とされても、ミスをして激しく動揺しても、あなたは冷静さを保ち、リカバリーを図ることができます。そのためには、副交感神経の働きを高めて、すべてを受け入れられる状態を築いておくことが大切です。

なかなか、聖人君子のようにはなれないかもしれません。しかし、意識している人と、していない人とでは、確実に違いが出てきます。さらに、毎日意識している人と、ときどき意識する人とでは、大きく差が開くことでしょう。

そこでこの章では、常に余裕を持ち、いざという時にも正しい言い方ができるようになる、習慣や心構えについてお話ししたいと思います。ぜひ、今この瞬間から日々の生活に取り入れて、「言い方」を変え、「空気」を変え、素晴らしい「人生」を手に入れてください（図10）。

図10　日々の習慣が人生を豊かにする

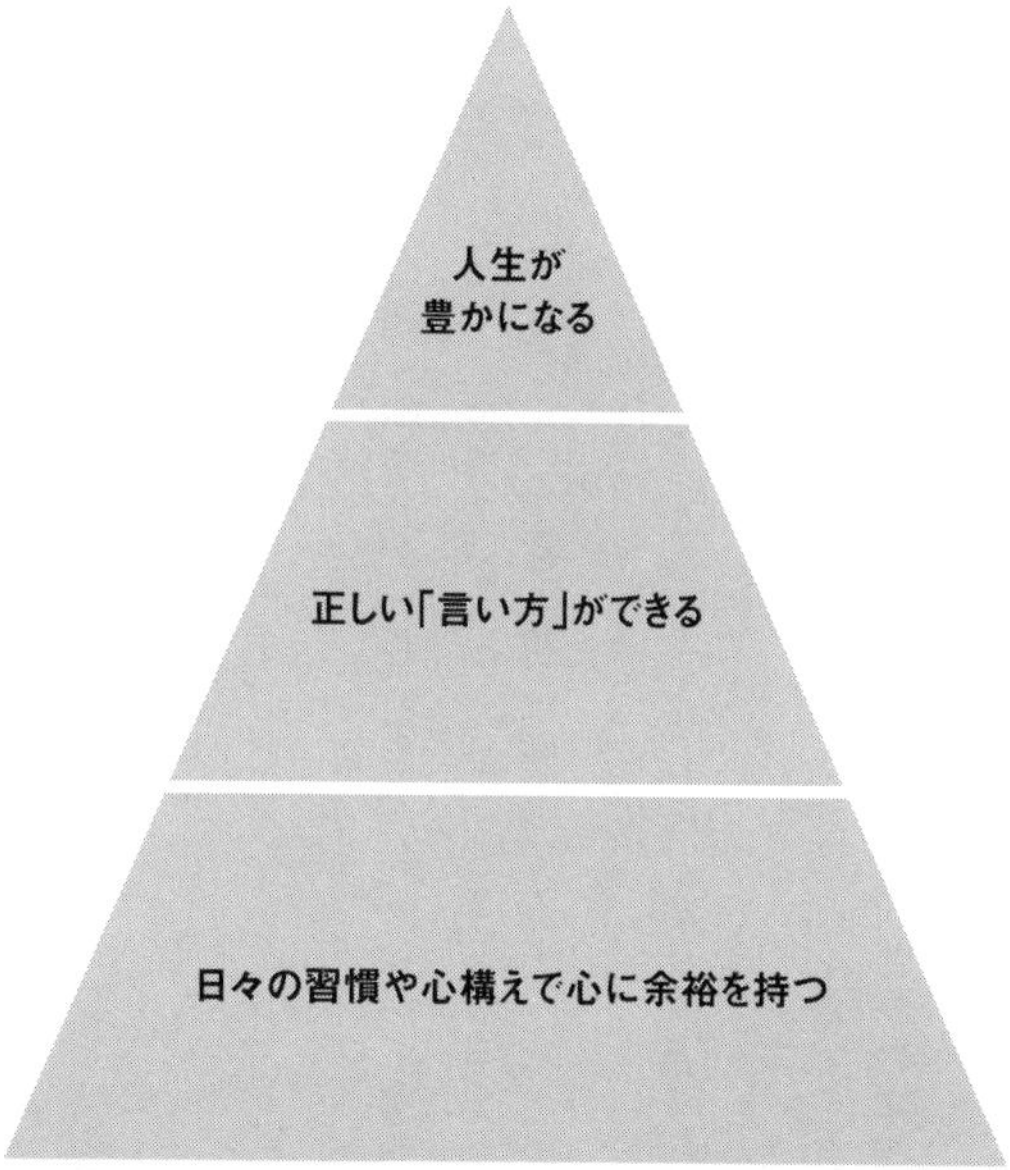
人生が
豊かになる
正しい「言い方」ができる
日々の習慣や心構えで心に余裕を持つ

**心に余裕を持つことが、正しい「言い方」の基礎になり、
積み重ねることで、人生が豊かになる**

　朝、目覚めた時、どんなことが頭を巡りますか？　「今日はやることが多くて忙しい」「もう少し寝ていたい」など、ネガティブなことが多いかもしれません。しかし、朝、目が覚めるのはとても幸せなことです。心筋梗塞や狭心症などの突然死は、実は就寝中が最も多く、いつも通り朝を迎えられない人が少なからず存在します。ですから、目が覚めて、今日という一日をまた過ごせるのは非常に恵まれたことなのです。そのことを心に留めながら、朝はこんな言葉を口に出してみてください。

「今日も無事に朝を迎えることができました。ありがとうございます」

　スピリチュアルな感じがして、ばかげていると思われるかもしれませんが、案外こういうことは大切です。**当たり前のことを当たり前と思わず、感謝する。**なぜなら、それらは決して当たり前のことではないからです。

　夜寝る時も、「今日も一日無事に終えることができました。ありがとうございます」

と感謝します。自分は「生きている」のではなく「生かされている」という意識を持てば、感謝の気持ちは自ずと芽生えてくるはずです。

先日、東大医学部救急医学分野教授の矢作直樹先生と食事をした際、びっくりすることがありました。店を出る時、矢作先生がシェフに対して実に深々と頭を下げたのです。一般的には、「ごちそうさま～」という感じで軽く会釈する程度だと思うのですが、矢作先生は違います。両手を体の横にぴったりつけて、斜め45度に上体を折り、「今日は本当にごちそうさまでした」と2～3秒間お辞儀をしたのです。まさに、「気をつけ！礼！」の「礼！」のポーズです。この人は本当にすごい人だと、心から思いました。

矢作先生は救急医学分野がご専門で、「死」や「生きる」ということに敏感なため、やはりご自身も「生かされている」という意識をお持ちなのだと思います。ですから、誰に対しても感謝の気持ちを忘れないのでしょう。

最初から、矢作先生のようなレベルを目指すのは難しいかもしれませんが、まずは当たり前のことを当たり前と思わず、感謝する。それを積み重ねていくことが心の安定につながっていきます。

「ありがとう」を言葉に出す

「生かされている」ということに感謝するのはもとより、自分を支えてくれている人に「ありがとう」と言うことを、決しておろそかにしてはいけません。

家庭のある男性の場合、奥さんが家事をしてくれることが多いかもしれません。ごはんを作ってくれたら「ありがとう」、シャツを洗濯してくれたら「ありがとう」、育児をがんばってくれていたら「ありがとう」、すべて言葉に出すのです。

我が家は、妻も医師のため、互いに多忙な毎日です。

結婚したてで、私がまだ自律神経の研究を始めていないころは、心ない言い方によってお互いの自律神経を乱していたと反省しています。

たとえば、妻が料理を作ってくれても特に感想やお礼も言わず、私は食後にテレビを見るのが日課でした。妻も仕事でクタクタなのに、料理を作り、そして休むことなく洗いものをしている。ところが私はというと、食べっぱなしで、一生懸命家事をする妻を横目にテレビを見ている。妻は当然、機嫌が悪くなります。妻が、「ちょっとは手伝ってよ」などと言っても、「もうすぐやるよ」と言って逃げていました。夫婦の間では、よくあるやりとりかもしれませんが、自律神経の研究を重ねた今となっては、非常によくないやりとりだったと反省しています。

こんなやりとりでは、お互い気分が悪くなるのは当然です。愚痴を言った妻も、カチンときて言い返した私も、その瞬間、自律神経が一気に乱れてしまいます。そして、その乱れを引きずったまま就寝を迎え、深い眠りに就《つ》けず、体調を崩すことにつながります。場合によっては、離婚に至るケースもあるかもしれません。

しかし、今の私は違います。家事をしてくれる妻には、「ありがとう」を伝え、何かを求められた時には、即座に応じています。テレビなんて、録画しておいて後で見ればいいのです。こうすることで、お互いの自律神経は整い、夫婦円満にもひと役買います。

空を見る

忙しい日々においては、なかなか、天気のよさや頬をかすめる風の心地よさ、道端に咲いている花の香りや色彩を意識することはありません。

しかし、こうしたものに意識を向けると、「風が気持ちいいな」「こんなところに花が咲いていたのか」など、自然を感じることができます。視覚、聴覚、嗅覚を意識すると副交感神経がぐっと上がり、自律神経のバランスが整います。これだけで血流はどんどんよくなり、いつ何どきでも正しい言い方ができるようになります。

空を見るタイミングとしては、通勤中や外回り中など、歩きながらが多くなると思います。実は、歩き方も自律神経に大きく影響を与えます。歩き方を見ると、その人の自律神経のバランスがわかると言っても過言ではありません。

ダメな歩き方は、うつむいて、背中を丸めて歩くこと。こうすると、気道が狭まり、呼吸が浅くなり、血流も滞って、自律神経のバランスが崩れてしまいます。

正しい歩き方は、背筋を伸ばして、肩の力を抜き、頭の中心が空から引っ張られているようなイメージで首を伸ばし、おへそから前に出るつもりで、ゆっくり歩くこと。そうすれば、気道がまっすぐになり、呼吸も自然と深くなり、気持ちが落ち着いて、自律神経のバランスも整ってきます。

あいさつは、ゆっくり元気に

あいさつはコミュニケーションの基本ですが、自律神経を整えるうえでも重要な要素です。たとえば、「おはよう、ございます……」と、ボソボソ小声で言った場合、気道が狭まっているので血流が低下し、自律神経のバランスが崩れます。それによって、さらに正しい言い方ができなくなるという、負のスパイラルに陥ります。

正しい言い方は、「おはようございます！」と、一語一語をしっかり発音し、ゆっくり、尻上がりを意識したイントネーションで言うことです。

ゆっくりした言い方をすることで、呼吸が安定しますし、末尾のトーンを上げることで、ハツラツとした印象を与えることができます。すると、自分はもちろん、周りの人間の自律神経も整えることができるのです。

悩みごとや辛いことがあると、あいさつする気が起きないこともあるかもしれません。しかし、あいさつもせずに暗くなっているより、無理にでもあいさつをしたほうが、長い目で見ると確実に得です。気分が乗る、乗らないではなく、いっそのこと義務として考えて実行してしまいましょう。

こまめに水を飲む

緊張した時に水を飲むというのは、みなさんも理屈なく、実践されていることだと思います。これは、医学的にも非常に有効な行為です。水を飲むと胃腸の神経がいい意味で刺激され、自律神経のバランスが整うからです。

体に水が不足して、いいことは何ひとつありません。人間の体の60%は水でできており、そのうち75%が細胞の中に、残りの25%は血液やリンパ液に入っています。一日2リットルの水分が汗や尿として排出されるので、こまめに補給しないと血液がドロドロになり、自律神経が乱れてしまいます。ですから、仕事中もこまめに水を飲むことが大事。ペットボトルをデスクの上に常備して、一日1~2リットルの水をこまめに飲むようにしましょう。

ため息をつく

悩みごとやトラブルを抱えていると、つい「はぁ……」とため息がもれてしまいますが、どうぞ存分に、ため息をついてください。

「ため息をつくと幸せが逃げる」といわれていますが、医学的観点からみると、まったく逆です。息は吐く時間が長ければ長いほど、より効果的に副交感神経の働きを高めることができるので、ため息は体にとって望ましいものです。深呼吸をして心が落ち着くのと同じメカニズムです。

それではなぜ、「ため息をつくと幸せが逃げる」といわれているのでしょうか？　人間は思いつめると呼吸が止まりがちになり、息苦しくなります。すると体は酸素を欲して、深く呼吸をしようとします。それが、ため息の正体です。思いつめて呼吸が浅くなった時にため息が出るため、「ため息＝幸せが逃げる」と同一視されるようになりましたが、ため息は不幸だから出るのであって、ため息をついたら不幸になるわけではないのです。ため息は、人間の本能的なリカバリーショットなのです。

1か所だけ片づける

一日の仕事を終えたら、一刻も早く会社を出たいかもしれませんが、帰る前にぜひ実践していただきたいことがあります。それは、「1か所だけ片づける」ということです。

仕事を終えた時、私たちの交感神経は高まっています。本来であれば、夕方から夜にかけて、副交感神経が優位に切り替わっていくのですが、すでにお話ししているように、男性は30歳、女性は40歳を境に副交感神経の働きがガクンと落ちてしまいます。そのため、放っておくと交感神経が優位のまま夜を迎えてしまい、翌朝になっても疲れが取れず、疲労が蓄積していくという悪循環に陥ってしまいます。

そこで役に立つのが、仕事を終えて退社する前に、1か所だけ片づけるということです。実は、**片づけという行為には、副交感神経を高め、気持ちを落ち着かせる作用があるのです。**

片づける際は、引き出しの一番上やデスクの上の書類など、「1か所」だけというのがポイントです。この時、せっかくだから全部きれいにしようと思って、あちこち手を出すと、その瞬間、交感神経が高まり自律神経が乱れてしまいます。自律神経を整えるためには、毎日少しだけ片づけることが有効です。

そして、もうひとつおすすめしたいのが、**明日の予定を確認しておくこと**です。

朝、仕事を始める前に一日の予定やタスクを書き出す人も多いと思いますが、朝は、脳が冴えていて生産性が高いゴールデンタイムです。その貴重な時間を、予定の確認に使うのは非常にもったいないことです。

手帳に書きこむ項目には、番号をふるのがポイントです。これは、外国のカルテの書き方にならった方法なのですが、外国のカルテは、「セブンライン」といって、患者さんについて重要なことを必ず7個書きこみ、そこに番号をふっていきます。番号は、重要度が高い順にふる必要はありません。ただ、番号をふるだけでいいのです。そうすることによって、ただ7項目羅列するよりも、内容が頭の中で整理され、頭にストンと入ってきます。私は、イギリスに留学している時にこの方法を学びましたが、効果は素晴らしいものだと実感しています。

きちんと時間管理をすることは、自律神経を整えるうえでも重要です。予定が狂い、あせったり動揺したりすると、その瞬間、自律神経は大きく乱れてしまうからです。

書き出す項目は、7個でなくても構いません。翌日の案件やタスクに番号をふるだけでOKです。こうするだけで、時間の無駄遣いが減り、仕事もはかどり、心に余裕が生まれるので自律神経も安定するという、好循環が手に入ります。

就寝前に日記を書く

日記は決して、長々と書く必要はありません。私が日記につけていることは、たった3つです。

①その日一番失敗したこと
②その日一番感動したこと
③明日の目標

この書き方は、アイルランドで働いていた時に、同僚の医師から勧められた方法です。最初に失敗したことを書くのは、自分のしたことの中で、一番冷静に振り返らなければいけないことだからです。そして、自分の失敗を反省したら、明日からまたがんばる気持ちを持つために、感動したことを書きます。

日本人は、失敗や反省だけをつづる人が多いのですが、それだけだと、どうしても暗い気持ちを引きずりやすくなります。**モチベーションを維持するためには、絶対に感動したことも書くべきです。**

3つ目に明日の目標を書くのは、実は私なりにアレンジした方法です。目標を立てると、やるべきことが明確になるので不安が消えます。不安とは、何が起きるかわからないから生じるものであり、自分のとるべき行動が明らかになってさえいれば、不安は断ち切ることができます。人生は、不安や悩みの連続と言っても過言ではありません。しかし、この3つを就寝前に記すだけで、自律神経のバランスはとても安定します。

このように、習慣を積み重ねることが、今日も、明日も明後日も、人生を変える「言い方」をする基盤となるのです。

おわりに

当然ながら、人の命には限りがあります。しかし、医療の進歩とともに、そのことを忘れている方も少なくないと感じます。病院に来れば病気は治る。そう思っているのです。しかし、人はいつか必ず命の終わりを迎えます。

私が本書で最もお伝えしたいのは、そんな人生の貴重な時間を、「言い方」で台無しにするのはもったいないということです。たとえ、平均寿命より命の灯《ともしび》が早く消えるとしても、勝負は、その瞬間まで元気に明るく生きられるかどうかです。そしてそれを根幹から支えているのが「言い方」なのです。

「言い方」は、人間関係はもとより、自分や他人の健康、パフォーマンスなど、人生を形作る最大のツールです。しかし、それほど重要なものであるにもかかわらず、私たちはこれまで「言い方」に対する意識と理解が浅すぎたと反省せざるをえません。「言い方」は、小手先の技術でどうこうできる代物ではなく、もっと本質を捉え、真剣に向き合わなくては決してコントロールできないものなのです。残念ながら、このことに気づいている人は、まだまだ少ないと言えるでしょう。しかし、気がついた人、つまりこの本を読破されたあなたは、「言い方」を味方につけ、空気を変え、人生を変えるスタートラインに立ちました。

これから先、あなたが豊かな人生を歩み、最期に「いい人生だった」と思えるかどうかは、あなたの「言い方」にかかっています。

本書でお伝えした内容が、少しでもあなたの人生に幸せをもたらすことを、切に願っています。

２０１５年３月

小林弘幸

構成　森本裕美

この作品は二〇一五年四月小社より刊行されたものです。

幻冬舎文庫

●好評既刊
「これ」だけ意識すればきれいになる。自律神経美人をつくる126の習慣
小林弘幸

きれいな人は血流がいい。その秘密は「自律神経」にあった。腸、食、呼吸、水……。日常生活の中で簡単にすぐ取り入れられる、最新の医学データに基づいたきれいの習慣を伝授。

●好評既刊
天が教えてくれた幸せの見つけ方
岡本彰夫

「慎み」「正直」「丁寧」を心がけると、神様に愛されます。「食を大切にすれば運が開ける」「お金は、いかに集めるかより、いかに使うか」など、毎日を幸せに生きるヒント。

●好評既刊
統合失調症がやってきた
松本ハウス

ハウス加賀谷は、松本キックという相方を得て、病と闘いながらもお笑いの世界で活躍する。しかし、活躍と反比例するように、症状は悪化、コンビは活動を休止した。復活までの軌跡を綴る。

●好評既刊
相方は、統合失調症
松本ハウス

病による活動休止から10年を経て復帰した松本ハウス。しかし、かつてできたことができず、コンビはぎくしゃくしていく。〝相方〟への想いが胸を打つ感動ノンフィクション。

●最新刊
見守られて生きる
矢作直樹

私たちは現世で魂をレベルアップさせるために生まれてきた。死は終わりではなく、魂は永遠に生き続ける。救命救急の現場で生と死の狭間を見続けた医師が解き明かす、あの世とこの世の決定版。

自律神経《じりつしんけい》を整《ととの》える

人生《じんせい》で一番役《いちばんやく》に立《た》つ「言《い》い方《かた》」

小林弘幸《こばやしひろゆき》

平成30年8月5日　初版発行
令和元年6月20日　4版発行

発行人――石原正康
編集人――袖山満一子
発行所――株式会社幻冬舎
〒151-0051東京都渋谷区千駄ヶ谷4-9-7
電話　03(5411)6222(営業)
　　　03(5411)6211(編集)
振替00120-8-767643
印刷・製本―株式会社 光邦
装丁者――高橋雅之

幻冬舎文庫

ISBN978-4-344-42781-5　C0195　心-14-1

幻冬舎ホームページアドレス　https://www.gentosha.co.jp/
この本に関するご意見・ご感想をメールでお寄せいただく場合は、
comment@gentosha.co.jpまで。